앞으로 3년

무조건 올라가는 곳

알려드립니다

이메일 vegabooks@naver.com   **홈페이지** www.vegabooks.co.kr
블로그 http://blog.naver.com/vegabooks
인스타그램 @vegabooks   **페이스북** @VegaBooksCo

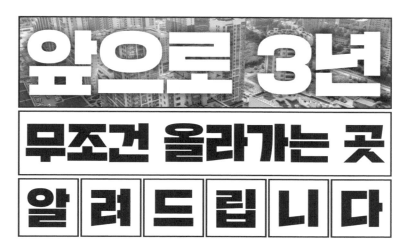

앞으로 3년 무조건 올라가는 곳 알려드립니다

김인만 지음

VegaBooks

서평

부동산 시장의 메커니즘 분석과 무주택자의 내 집 마련 가이드는 부동산 시장 참여자에게 시사하는 바가 크고, 시장 분석에도 도움이 될 것이다

_ 한문도 교수/연세대학교 정경대학원 겸임교수

정권마다 바뀌는 부동산 규제의 강도, 짧은 기간에 급등해버린 금리, 순식간에 식어버린 매수심리 등으로 인해 대한민국의 부동산시장 미래는 한치 앞도 가늠하기가 쉽지 않습니다. 이때 우리 눈앞을 밝히는 한줄기 빛처럼 이 책은 번잡하지 않으면서도 조근조근 정확한 투자를 위한 돌다리가 되어 주네요. 시원합니다.

_ 두성규 박사/목민부동산정책연구소

부동산시장에는 시장을 냉철하고 차갑게 바라보는 전문가들이 다수 존재한다. 하지만 이 책의 저자는 그 시장을 따뜻하게 바라보며 조언한다. 위기의 부동산시장, 상당한 지식과 오랜 경험의 바탕에서 나온 저자의 책은 투자의 방향을 함축하고 있다.

_송승현/도시와 경제 대표

　　이제 부동산 투자의 핵심은 옥석 가리기다. 시장 변화보다 투자자의 좋은 단지를 가려내는 능력이 필요해진 시기, 이 책은 투자자들에게 좋은 단지를 선별할 수 있는 힘을 길러주는 지침서다.

_김예림/법무법인 심목 대표변호사

　　팬데믹과 우크라이나 전쟁 그리고 전례 없는 금리폭동, 원자재가격 상승으로 매우 혼란스러운 상황입니다. 정부의 공급, 서제, 금리 정책이 부동산시장에 시그널을 주지 못하는 지금입니다.

　　이 책은 거시적 흐름과 함께 오랜 경험과 실무를 바탕으로 현장 투자를 진단해주는 시우(時雨)와 같습니다. 부동산시장에 나침반이 되길 소망합니다.

_이준호/KB평촌범계 본부장

2022년 영원히 끝없이 오를 것 같았던 집값이 가파른 금리 인상으로 매맷값뿐만 아니라 전셋값도 폭락했다. 과도한 하락속도만큼 규제도 빨리 풀리면서 2023년 1월 급매물이 거래되면서 반등에 성공했다. 조금씩 반등하고는 있지만, 예전 같은 분위기가 아니다. 침체기를 경험하지 못한 투자자들은 처음 겪는 하락이 당황스럽기만 할 것이다. 이제 집값이 바닥을 찍었고 오를 일만 남았다고 말하는 전문가가 있는가 하면, 장기 침체로 들어가 하락을 벗어나지 못할 것이라 말하는 전문가도 있어 더욱 혼란스럽다.

시장을 교란하는 투기를 하자는 것은 절대 아니다. 그렇다고 폭락을 걱정하면서 있는 집을 팔고 계속 무주택으로 살라고 하는 것도 너무 무책임하다. 길지 않은 인생을 살면서 행복을 위해 필요한 부동산 투자를 자신의 자금과 능력, 가치관에 따라 하자는 것이다. 혼란의 시기에 행복한 부자가 되기 위한 부동산 투자의 길잡이가 되기를 바라면서 이 책을 집필했다.

돈은 설탕과 같다. 달콤한 설탕은 행복을 주지만 지나치게 먹으면 건강을 잃는다. 탐 난다고 많이 움켜쥐어도 내가 가질 만큼 이외에는 다 흘러내린다. 내가 노력한 그 이상의 돈은 운이다. 하지만 이 책을 통해서 제대로 된 타이밍을 잡는다면 충분히 운의 확률을 올릴 수 있다. 최선을 다하고 결과는 받아들이자. 그리고 남과 비교하지 말자. 나는 2억 원을 벌었는데 친구는 5억 원을 벌었다고 나 자신을 탓할 필요는 없다. 그냥 내가 노력한 만큼 투자결과는 받아들이고 감사하게 생각하면 된다. 이 책은 무에서 유를 만들어주지 못하지만 운의 확률은 높여줄 수 있다.

시장을 읽는 눈을 키우고, 바닥의 시그널과 시장의 순환을 이해하면서, 오르는 아파트 고르는 법과 기회를 잡을 수 있는 팁까지 담았다. 행복한 브라보 인생을 위한 자신만의 투자를 위해 노력하는 당신에게 이 한 권의 책이 작은 도움이 되길 바란다.

이 책에서 소개하는 지역과 아파트는 지면 관계상 저자의 개인적인 판단에 따라 선별한 것이며 소개되지 않았다고 해서 투자가치가 없다고 실망할 필요는 없다. 그리고 모든 통계 및 자료는 2023년 5월 기준으로 작성되었다. 항상 기도해주는 사랑하는 부인과 두 딸 민지와 현지, 부모님과 장모님께 감사드리고 참된 믿음 생활을 인도해 주시는 박명진 원장님께 감사드리며 하나님께 이 영광을 돌립니다.

| 목차 |

2부 부동산 투자는 타이밍이다

3부 오르는 아파트 고르는 법

4부 반드시 기회는 온다

1부

부동산 특히 아파트는 살아 움직이는 생물이다. 펄쩍 뛸 때는 너무 올라서 난리이고, 숨죽일 때는 너무 멈춰서 난리다. 2021년만 하더라도 아파트를 사지 않으면 상대적으로 자신의 자산이 줄어들어 벼락 거지가 된다는 두려움이 지배적이었다. 그래서 굳이 집을 사지 않아도 되는 2030세대가 미친 듯이 영혼까지 끌어모아 집을 샀다.

부동산시장 읽는
눈을 키우자

그로부터 1년이 지난 2022년, 거래는 실종되고 끝없이 오를 줄 알았던 집값은 급락했다. 2023년 들어 다시 거래는 늘어나고 있으나 여전히 안개 속이다. 도대체 어느 장단에 춤을 춰야 할지 모르겠다는 분들이 많다. 급하게 오르내리는 현상만 보면 너무 혼란스럽겠지만, 부동산시장의 메커니즘과 흐름을 읽으면 어떻게 헤쳐 나갈지 길이 보인다. 부동산시장 상황과 강남, 금리, 공급, 과거 부동산, 입주 물량, 미분양까지 분석해보고 시장을 읽는 눈을 키워 보자.

롤러코스터 탄 집값

높이 오른 후 빨리 떨어지는 롤러코스터를 탄 부동산시장, 어디로 갈까?
부동산시장의 상승과 하락의 흐름을 제대로 읽어보자.

집값 상승도 하락도 회복도 역대급이다. 디지털시대여서 모든 것이 빠르다지만 롤러코스터처럼 집값의 변화가 너무 빨라서 현기증이 날 정도다. 아래 그림은 2017년에서 2023년 3월까지 6년간 전국과 서울의 아파트 실거래가격지수 추이다. 문재인 정부 출범 시점인 2017년 5월부터 본격적으로 상승하기 시작하여 5년 동안 가파르게 올랐고, 윤석열 정부 출범 이후인 2022년 5월 이후 가파르게 내려갔다. 이런 현상을 가리켜 진보가 정권을 잡으면 집값이 오르고 보수가 잡으면 집값이 내린다고 이야기하는 분들이 많은데, 알고 보면 그렇지는 않다. 부동산 규제와 집값의 메커니즘은 7장에서 상세히 설명하겠다.

다시 그림1로 돌아와서 6년간 추이를 살펴보자. 서울의 아파트 가격은 2018년 초 실거래가격지수 100에서 꾸준히 상승하여 2021년 11월 187.4까지 올랐고, 전국의 아파트 가격은 143까지 상승하였다. 하지만 끝없이 오를 것만 같았던 아파트 가격은 2022년부터 갑자기 반전된다.

미국에서 시작한 급격한 기준금리 인상 쇼크로 집값 롤러코스터가 하락으로 전환된 것이다. 2022년 상반기까지 거래량이 줄어들더니 하반기부터 가파르게 떨어져서 불과 1년 만에 187에서 143으로 떨어졌다. 2020년~2021년 2년 동안의 상승분을 2022년 하반기 6개월 만에 반납했다. 다행히 2023년 1월 3일 부동산 대책이 발표되면서 급매물이 소화되고 반등에 성공해 다시 회복하고 있지만 급격한 집값 흐름에 대한 불안한 마음은 여전하다.

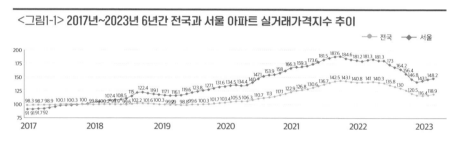

<그림1-1> 2017년~2023년 6년간 전국과 서울 아파트 실거래가격지수 추이

<출처: 한국부동산원>

실거래가격지수만 보면 집값이 얼마나 많이 올랐는지 체감되지 않을 수 있다. 이번에는 PIR(소득 대비 집값 비율)로 살펴보자. PIR(Price to Income Ratio)는 주택가격을 가구소득으로 나눈 값이다. 가령 PIR이 10이면 주택가격은 연 소득의 10배라는 의미다. 즉, 10년 동안 돈 한 푼 사용하지 않고 모아야 집 한 채를 살 수 있다는 뜻이다. PIR이 높아진다는 것은 소득 대비 집 사는 기간이 길어지는 것이고 결국 집값이 소득보다 더 올랐다고 볼 수 있다.

아래 표와 그림은 서울, 경기, 인천지역의 10년간 PIR 값과 추이 그래프이다. 서울 기준 2013년 8에서 2022년 14.5로 1.8배 상승하였고, 경기도는 6.7에서 10.3로 1.5배, 인천은 5.3에서 9.1로 1.7배 상승하였다. 서울이 경기, 인천보다 조금 더 상승했지만 각 시, 구별 집값 상승 차이가 있기에 수도권은 전체적으로 10년간 1.5배~1.8배 정도 상승했다. 물론 이것은 통계의 결과이고 실제 거주만족도가 높은 역세권이나 학군이 좋은 브랜드 아파트로 범위를 좁히면 2배는 기본이고 3배까지도 상승하였다. 학창시절 반 평균이 75점이라면 모두가 75점이 아니라 최고점부터 최저점까지의 평균이고, 실제 상위 30% 기준에서 보면 85점 이상인 것과 같은 이치다.

서울, 경기, 인천의 10년간 PIR 추이

구분	서울			경기			인천		
	가구소득	주택가격	PIR	가구소득	주택가격	PIR	가구소득	주택가격	PIR
2013년	4,811	38,675	8	3,758	25,250	6.7	5,161	27,500	5.3
2023년	5,701	82,875	14.5	4,562	47,000	10.3	4,116	37,500	9.1

<단위: 만 원, 출처: KB부동산>

온갖 규제를 쏟아부어도 잡히지 않던 집값이 금리 인상으로 순식간에 떨어지자 정부의 부동산 정책 방향도 180도 달라졌다. 사실 정부가 원하는 시장의 상황은 폭등도 폭락도 아닌 안정이다. 집값이 더 상승하지 않고 멈추자 2022년 8월까지만 해도 국토교통부 장관이 직접 집값이 더 내려가야 한다고 여유를 부렸다. 하지만 2022년 9월부터 집값이 가파르게 하락하자 발등에 불이 떨어진 정부는 빠르게 규제를 풀

앞으로 3년, 무조건 올라가는 곳 알려드립니다

었다. 정부의 규제 완화 효과라면 효과인지 규제를 풀자 집값 하락은 멈추었다. 집값을 올리겠다는 것이 아니라 경착륙(빠르게 하락하는 현상)을 막는 정부의 의도는 일단 목표를 달성하였다.

2023년 정부는 1월 3일 부동산 대책에서 강남3구(강남, 서초, 송파)와 용산구를 제외한 모든 지역을 규제지역에서 해제하고 분양가상한제 전매제한과 거주의무도 풀었다. 그 효과로 급매물이 거래되면서 속절없이 추락하던 집값은 하락을 멈추면서 회복을 하고 있지만 예전만 못하다. 집을 팔려는 매도자들은 호가를 올리고 있고, 집을 사려는 매수자들은 급매물에 관심을 두면서도 혹시나 다시 상승하면 어쩌나 불안한 마음으로 시장을 관망하면서 매도자-매수자 간 팽팽한 줄다리기가 이어지고 있다.

금리 인상의 불확실성도 상당 부분 제거되었고 지역에 따라 차이는 있지만, 고점 대비 30% 정도 하락하면서 1차 바닥을 확인한 후 반등하면서 소폭 회복을 하고 있다. 당분간 등락을 거듭하면서 폭등도 폭락도 아닌 횡보(橫步)장을 이어갈 가능성이 크다. 이제 금리와 전세, 입주 물량, 부동산 정책이 중요하다. 1차 바닥은 확인했지만, 여전히 혼란스러운 부동산시장의 흐름을 제대로 읽고 정확히 예측하는 것이 그어느 때보다 중요하다. 이제 강남 불패부터 금리, 전세, 수요와 공급, 부동산 정책, 인구, 입주 물량, 일본의 잃어버린 20년까지 부동산시장의 흐름을 읽기 위한 여정을 시작해보자.

02 강남 불패는 없다??

노·도·강(노원, 도봉, 강북구)이 강남보다 더 많이 하락했다. 하지만 '강남 불패'는 없다.

저수지 이론을 보라, 외곽부터 시작해서 중심부도 떨어진다.

2022년 급격한 기준금리 인상으로 집값이 하락하면서 상승장은 사실상 마무리가 되었다. 2023년 1월부터 급매가 거래되면서 회복을 하고 있지만, 다시 과거처럼 크게 상승할 가능성은 크지 않다. 2022년 4분기의 1차 하락은 하락 자체보다 하락속도와 폭이 중요한데 지역마다 온도 차이가 존재한다. 2022년의 서울의 집값 흐름을 보면 부동산 불패신화인 강남지역은 상대적으로 덜 떨어진 반면, 서울에서는 상대적 외곽지역인 노·도·강(노원, 도봉, 강북구)의 하락이 두드려졌다.

아래 그림은 2022년 7월부터 2023년 3월까지 서초구와 노원구의 주간 아파트 가격 동향 추이이다. 공포감이 절정에 달했던 2022년 연말 서초구는 0.55% 하락했지만, 노원구는 무려 1.2%의 하락을 보였다. 1.2% 하락이 뭐가 그렇게 대단한 것이냐고 반문하는 분들이 있는데 주간 아파트 가격 동향임을 고려해야 한다. 1년을 52주로 환산해서 1년

앞으로 3년, 무조건 올라가는 곳 알려드립니다

에 무려 62.4%가 빠지는 속도로 하락했다는 의미다.

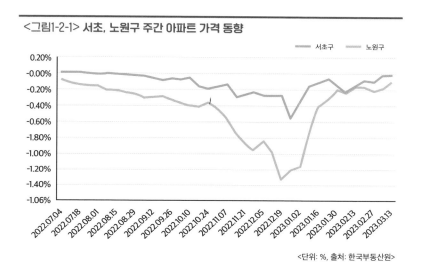

<그림1-2-1> 서초, 노원구 주간 아파트 가격 동향

<단위: %, 출처: 한국부동산원>

상계동의 인기 아파트 중 하나인 상계주공3단지 전용 59㎡(공급면적 25평)은 2018년 4억 원 수준에서 2021년 9억 원으로 최고가 거래액을 갱신했지만, 2023년 1월 6억 원까지 하락하였다. 고점 대비 33%의 하락이었다. 이 정도면 거의 폭락수준이라 해도 과언이 아니다. 강남의 대표 재건축아파트인 은마아파트 전용 76㎡(공급면적 30평)은 2021년 최고가 26억3,500만 원 거래 이후 2023년 1월 17억9,500만 원으로 하락해서 고점 대비 32% 하락했다.

강남도 떨어졌다. 강남이라고 안 떨어지는 것이 아니다. 그럼 앞서 본 노원구와 서초구의 차이는 무엇일까? 강남 서초구 신반포1차를 재건축한 아크로리버파크 전용 84㎡(공급면적 34평)의 가격변동 폭에서 실마리를 찾을 수 있다. 2022년 1월 46억6,000만 원으로 최고가 거래되었고 같은 해 4월 43억1,000만 원 거래 이후 거래절벽 상황이다. 2023년 2월 같은 동의 중간층을 기준으로 매물의 가격이 41억 원 정도여서 고점 대비 12% 정도 하락했다. 서울에서 최고 포식자 자리를 차지하고 있는 강남 자체가 하방 경직성이 강하고, 신축 아파트의 희소성 때문에 금리 인상의 충격으로 부동산시장이 빠른 침체에 접어들었음에도 상대적으로 잘 버티고 있는 것이다.

이렇게 반문할 수 있다. "그럼 같은 신축 아파트임에도 강남3구 송파구 헬리오시티의 가격하락은 어떻게 설명할 것인가?" 송파구의 대표 아파트 중 하나로 2019년 입주한 헬리오시티의 경우 2021년의 최고점 23억8,000만 원에서 2022년 12월에는 16억 원까지 빠졌다. 강남3구, 신축 아파트라는 타이틀을 가지고도 33%나 하락한 것이다.

각 지역 아파트들의 하락 폭

구분	최고 거래가	2023년 1월 거래가	고점 대비 하락 폭
상계주공3단지 전용 59㎡	9억 원	6억 원	33%
은마 전용 76㎡	26억3,500만 원	17억9,500만 원	32%
아크로리버파크 전용 84㎡	46억6,000만 원	41억 원	12%
헬리오시티 전용 84㎡	23억8,000만 원	16억 원	33%

송파구가 서초, 강남구보다 더 많이 빠진 이유는 강남3구에서 약세지역이기 때문에 먼저 조정된 것이다. 즉, 강남도 불패는 없다. 침체가 계속 이어지면 결국 서초구나 강남구도 더 하락할 것이다. 물론 그

앞으로 3년, 무조건 올라가는 곳 알려드립니다

사이 금리나 정책, 전세 상황에 따라 시장의 분위기가 달라진다면 하락이 멈출 수 있다. 역시 강남이어서 덜 떨어졌다는 말이 나올 수도 있지만 그건 시장의 하락 흐름이 멈추었기 때문이고, 강남은 핵심지역으로서 가치가 상대적으로 늦게 떨어진다.

부동산의 지역별 상승과 하락을 이야기할 때 소위 '저수지 이론'이 있다. 가뭄이 와서 저수지 물이 마르면 외곽부터 마르기 시작해서 중심부 물이 가장 늦게 마르고, 비가 오면 중심부부터 물이 차서 외곽까지 차오른다. 집값 상승도 이와 같아서 집값이 하락할 때는 서울에서 상대적 약세지역인 노·도·강 지역 집값이 먼저 하락한 것이고, 계속 하락하자 강남3구에서 상대적 약세지역인 송파구의 집값이 먼저 하락한 것이다. 강남구, 서초구는 무조건 불패이고 집값이 내려가지 않는다는 맹신을 버려야 한다. 2022년 하반기의 폭락은 급격한 금리 인상의 충격으로 전셋값이 폭락하면서 매맷값도 동반 하락한 비정상적인 1차 하락이었다.

<그림1-2-2> **저수지 이론**

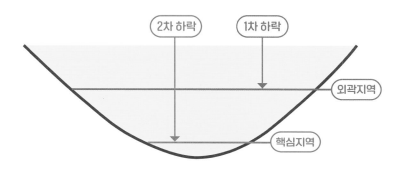

2023년 1월 이후의 반등을 통한 매수자-매도자 간 줄다리기 게임은 이제 시작했다. 여러 변수에 따라 2차 하락이 올 수도 있다. 하락장이 끝나고 다시 상승장이 시작한 것이 아니라 여전히 하락장은 진행 중이다. 오히려 하락이 적었기에 강남 집값의 하락압력이 더 높다. 매수자에게는 아무리 똘똘한 한 채라 해도 고점 대비 20%도 안 떨어진 강남보다 30% 이상 떨어진 지역이 더 매력적으로 다가올 것이기 때문이다. 실제로 헬리오시티는 2023년 6월 20억 원에 거래되면서 약 4억 원의 상승을 보이고 있고, 노·도·강도 하락을 멈추고 소폭 반등하고 있다. 가파른 금리 인상 충격으로 1차 급락을 했고 이제는 2차전 시작이다. 하락장이 6개월 조정을 받고 다시 상승장으로 진입하지는 않는다. 게임은 이제 시작이다. 1차 급락에서 덜 떨어졌다고 끝난 것은 아니다.

과연 금리 때문에 집값 잡혔나?

천정부지로 오르던 집값을 잡은 귀인은 바로 금리다. 하지만 정말 금리가 집값을 잡은 것일까? 트리거(trigger) 역할을 한 금리에 대해 알아보자.

문재인 정부 시절(2017년 5월~2022년 4월) 26번 이상의 부동산 대책을 내고도 집값은 계속 올랐다. 양도세, 종합부동산세, 취득세 중과, 규제지역 지정, 분양가상한제, 토지거래허가구역 등 할 수 있는 모든 규제 폭탄을 쏟아부었지만 비웃기라도 하듯이 집값은 계속 올랐다. 오죽했으면 아무런 대책도 내지 말고 그냥 가만히 있는 것이 더 좋았을 것 같다는 이야기가 나올 정도로 백약이 무효였다. 닭 쫓던 개 지붕 쳐다보듯이 오르는 집값을 속수무책 바라보던 정부는 금리라는 뜻밖의 귀인(貴人)을 만났다.

아래 그림은 최근 한·미 간 기준금리 추이를 나타낸 그래프다. 한국은행은 2021년 8월부터 금리를 서서히 올리고 있었지만, 미국은 계속 저금리를 고집하다가 2022년 3월 CPI(소비자물가지수)에 깜짝 놀라 급격히 기준금리를 올리는 모습을 볼 수 있다. 1년 만에 0%에서 5.25%까지 올라갈 정도였다. 문제는 한국과 미국의 기준금리가 1%에서 최대 1.5% 차이 이상 벌어질 때 자본유출이 발생하는데 2023년 6월 기준 1.75%p나 벌어졌다. 미국이 기준금리를 추가로 더 인상한다면 한국은행은 울며 겨자 먹는 심정으로 미국의 금리 인상을 따라갈 수밖에 없다.

<그림1-3-1> 2023년 5월 기준 한·미 간 기준금리 추이

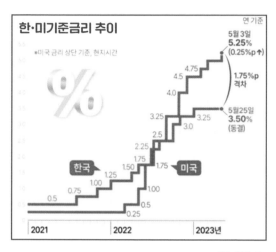

<출처: 연합뉴스>

기준금리가 가파르게 올라가기 시작한 2022년 7월 이후부터 집값의 하락 폭은 커졌다. 아래 그림에서 보듯이 기준금리 인상과 집값 흐름을 비교해보니 역시나 기준금리가 가파르게 올라가는 시점부터 전국 아파트 가격이 급하락했다. 집값을 잡은 귀인은 금리가 맞다.

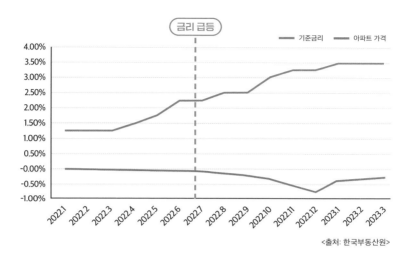

<출처: 한국부동산원>

금리와 집값은 반비례하니까 당연한 현상이 아닐까 생각할 수 있지만, 아래 그림을 보면 이상한 것을 느낄 것이다. 김대중 정부 시기 IMF 외환위기로 집값이 급락했을 때 금리가 5%가 넘었고, 집값이 급등했던 노무현 정부 시기 기준금리는 3.25%~5% 수준이었다. 이명박 정부 때는 금리를 대폭 낮춰 2%~3.25% 수준이었는데 집값은 오르지 않고 내렸다. 빚내서 집 사라는 양도세 특례가 나왔던 박근혜 정부 시절의 금리는 2.5%~1.25%로 낮았다. 이 정도면 금리와 집값은 반비례가 아니라 비례 아닌가 하는 생각이 들 정도다. 금리가 집값의 모든 것을 결정하지는 않는다는 의미다.

〈그림1-3-3〉 과거 정권별 금리 흐름

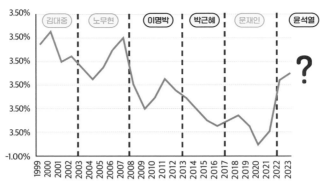

<출처: 한국은행>

과거 미국의 금리 인상 시기와 국내 영향을 보더라도 역시 금리가 낮다고 무조건 주식과 주택가격이 낮은 것은 아니라는 것을 알 수 있다.

과거 미국 금리 인상과 국내 영향

구분	기간	KOSPI	주택가격
1차	1985년 10월 ~ 1989년 3월	262% 상승	평균 2배 상승
2차	1993년 12월 ~ 1994년 12월	36% 상승	보합
3차	1999년 1월 ~ 2000년 1월	98년 폭락 후 79% 상승	98년 폭락 이전 회복
4차	2004년 6월 ~ 2006년 7월	138% 상승	평균 1.7배~2배 상승

그렇다면 2022년 집값은 과연 금리 때문에 떨어진 것일까? 2008년과 2022년을 비교하면 금리는 같은 3%대이지만 서울의 아파트 가격

앞으로 3년, 무조건 올라가는 곳 알려드립니다

은 2008년 대비 3배 정도 올랐다. 2008년 5억 원의 아파트를 사는 경우 LTV(담보대출인정비율) 40%로 2억 원(대출금리 5%)의 대출을 받으면 대출이자는 연 1,000만 원이었다. 하지만 2022년에는 15억 원으로 오르면서 대출이자는 연 3,000만 원으로 늘어났다. 집값이 오른 만큼 대출이자 부담도 같이 커졌기 때문에 금리가 집값 하락에 결정적 영향을 준 것은 맞다. 하지만 집값이 더 오른다는 기대감만 있으면 대출이자 부담이 늘어나도 집을 샀을 것이다. 결국, 과도한 가격 상승에 대한 피로감이 누적된 상태에서 금리 인상이 트리거 역할을 하면서 집값 상승에 대한 기대감을 확실히 꺾었다.

우리는 2020년~2021년 집값 상승에 대한 피로가 누적되는 와중에도 집값이 더 오를 것 같은 기대감에 유동성 파티를 즐겼다. 달콤했던 저금리 유동성 파티는 급격한 금리 인상 이후 마법처럼 사라졌다. 투자심리는 빠르게 얼어붙었고 저금리에 숨어있던 대출이자 부담이 떠오르며 매매와 전세 시장 모두 비명을 질렀다. 대출이자 부담이 있더라도 집값이 더 오를 것 같은 기대감이 있으면 투자를 한다. 하지만 아무리 필요한 실수요자라도 집값이 오르지 않으면 굳이 집을 사지 않는다. 꺾일 때가 되었는데 금리 인상이 트리거가 되면서 구매 욕구와 능력이 모두 꺾인 것이다.

다시 공은 금리로 넘어갔다. 현재 집값 흐름의 핵심인 금리의 관전 포인트는 세 가지다. 인상이 언제 어느 수준에서 멈추느냐, 인상이 멈추고 인하까지 얼마 동안 유지되느냐, 인하된다면 언제 얼마나 빨리 진행이 될 것인가? 실질적으로 금리인상은 끝났다는 분위기이지만 시장의 예상을 뒤엎고 다시 금리 인상이 진행되면서 한국은행 기준금리가 4%를 훌쩍 뛰어넘어 금리 불확실성이 다시 커진다면 회복하던 집값은 다시 실망으로 돌아서고 2차 하락이 진행될 것이다. 1차 하락이 고점 대비 30% 정도 수준이었다면, 2차 하락은 고점 대비 40% 이상 내려갈 수 있다. 처음 맞을 때보다 두 번째가 더 아프다.

두 번째로 금리 인상이 마무리되면서 금리 인하 신호가 나오거나 소폭이라도 인하가 된다면 1차 하락 후 소폭 회복하면서 횡보하던 집값은 투자수요가 다시 유입되면서 상승으로 돌아설 것이다. 금리 인하가 예상보다 빠르고 그 폭이 클 경우 집값 상승은 탄력이 생기면서 전 고점 가까이 회복하거나 전 고점을 뚫을 수도 있다. 반면 금리 인상은 멈추었지만, 금리 인하의 여지 없이 기준금리가 3%대 수준에서 유지된다면 매도자와 매수자 간 줄다리기가 계속 이어지면서 급매물 위주의 거래만 되는 보합세가 지속할 가능성이 크다.

마지막으로 시장에서 원하는 2%~3% 수준의 대출금리, 1%~2% 수준의 기준금리까지 내려오려면 2년 이상의 시간이 필요하다. 바닥을 찍고 어느 정도 회복은 하겠지만 2025년까지는 큰 폭의 상승보다는 등락을 거듭하면서 횡보할 가능성이 크고 2025년 이후 2차 하락이 발생할 가능성도 있다. 7년 연속 상승 후 조정기로 진입한 만큼 V자 반등보다는 1차 하락 후 회복하면서 보합세 유지하다가 2차 하락을 경험한 후 상승하는 W자 진행이 될 가능성이 크다는 의미다.

04 믿었던 전세의 배신

매맷값을 밀어 올리기도 하고 떠받쳐 주기도 하는 전셋값이 하락했다.
그리고 믿었던 전세의 배신으로 매맷값은 더 많이 떨어졌다.

2022년 하반기에 집값이 가파르게 하락한다고 예상한 사람은 많지
않았다. 과열되었기에 어느 정도 조정을 예상할 수는 있었지만, 2022년
10월~12월 석 달 만에 폭락수준으로 떨어지는 건 상상하기 힘들었을
것이다. 금리의 수직상승과 전세의 폭락, 이 두 가지 상황이 맞물리는
것은 운에 가깝기 때문이다. 금리는 언제고 오르내리기에 상황에 따라
수직상승 할 수도 있다. 3장에서 보았듯이 금리가 오른다고 집값이 무
조건 낮아지는 것도 아니다. 그런데 지금까지 전세는 입주 물량의 일시
적 공급과잉 상황만 아니면 항상 올랐다. 2기 신도시 입주 물량이 나올
때, 2008년 잠실 일대 엘스 리센츠 등 2만 세대의 입주 물량이 나올 때,
2018년~2019년 서울 송파 헬리오시티에서 9,510세대의 입주 물량이
나올 때 짧게는 6개월, 길게는 1년 정도 전셋값이 크게 떨어졌다.

아래 그림은 2022년 하반기 매매·전세 가격의 주간변동률 추이 그
래프다. 금리가 가파르게 상승하면서 2022년 7월부터 하락하는데, 매

매보다 전세의 하락 폭이 더 크다. 문제는 전세가 매매가를 밀어 올리는 레버리지와 매매가를 지지하는 버팀목 역할을 모두 수행하는 것이다. 2022년 부동산 전문가들이 제시한 하반기 집값 반등 가능성의 근거는 2+2 계약갱신이 끝나는 전셋값이 오르면서 매맷값을 올릴 수 있다는 것이었지만, 이런 예상은 무참히 깨졌다. 오를 줄 알았던 전셋값이 무너지자 매맷값도 속절없이 내려간 것이다. 집값이 내려가면 매수 대기 수요가 전세로 이동하면서 전셋값이 오르는 것이 정상인데 2022년 하반기는 이례적으로 매매, 전세가 동시에 내려갔다.

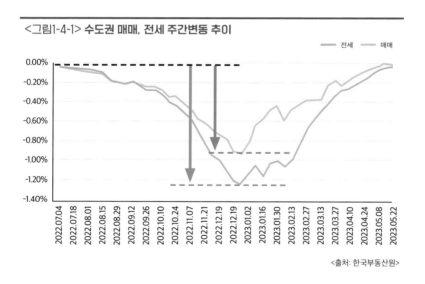

<그림1-4-1> 수도권 매매, 전세 주간변동 추이

<출처: 한국부동산원>

전셋값이 매맷값보다 더 내려가니 안전장치가 무너진 집값이 버틸수 없었다. 믿었던 전세의 배신이다. 지금까지 매맷값이 내려갈 때 오히려 오르면서 전세가율을 높였던 전세가 왜 2022년에는 떨어졌을까?

앞으로 3년, 무조건 올라가는 곳 알려드립니다

다음 네 가지 이유에서 답을 찾을 수 있다.

첫째, 가파른 금리 인상으로 대출이자 부담이 늘어 전세에서 월세로 갈아타는 수요가 늘어난 것이다. 기준금리 인상은 주택담보대출 금리와 전세대출 이자를 모두 올렸다. 소득은 크게 늘어나지 않았는데 물가도 오르고 대출이자까지 두 배 이상 오르자 전세입자들은 월세라는 출구전략을 선택하였다. 아래 그림에서 보듯이 2022년 월세 비중은 사상 최고 수준까지 올랐다.

<그림1-4-2> 2011년~2022년 전국 아파트 월세 비중

<출처: 조선일보>

둘째, 2020년 7월 31일 2+2 계약갱신청구권 제도가 시행되면서 가격 왜곡이 시작됐다. 임대료를 거의 4년 동안 올리지 못한다는 불안감이 전셋값 상승을 불렀다. 더 오를 수도 있다는 불안감을 느낀 세입자들이 미리 전세를 구하기 위해 몰려들면서 가격이 폭등한 것이다. 아래

그림을 보면 이 제도 시행 이후 전셋값이 얼마나 많이 올랐는지 알 수 있다.

<그림1-4-3> 2020년~2022년 서울 아파트 전셋값 추이

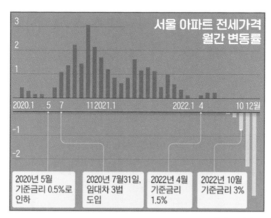

<출처: 조선일보>

사실 2+2 계약갱신청구권에는 문제가 있다. 이 제도는 기본적으로 상가임대차보호법에 있는 계약갱신청구권에 집주인 거주 시 거절할 수 있는 조항만 추가해서 주택시장에 적용한 제도다. 4년이란 기간도 너무 길고 집주인과 세입자 간 계약갱신 청구로 분쟁이 생길 수밖에 없다. 차라리 최단 존속기간을 2년에서 3년으로 연장했더라면 좋았을 것이다. 초등학교 6년, 중학교, 고등학교 3년인 우리나라 교육제도를 고려하면 전세의 최단 존속기간은 3년이 적합하다.

셋째, 전세대출 총량의 증가. 전셋값이 오르는 만큼 대출의 총량 또한 증가한다. LTV가 적용되는 주택담보대출과 달리 전세대출은 다양한 제도를 통해 80% 가까이 받는 경우가 많아서 금리 인상에 더 취약하다.

넷째, 금융의 지배력 강화. 2009년까진 전세대출 제도 자체가 없었다. 따라서 금리가 올라도 집값에만 영향을 주었지, 전세에는 아무런 영향을 미치지 못했다. 하지만 전세대출이 도입되면서 전세도 매매와 함께 금융의 지배를 받게 되었다. 불행인지 다행인지 2009년 이후 대체로 저금리 기조가 유지되면서 전셋값이 올라도 대출이자 부담은 크지 않았다. 하지만 2022년 대출이자가 단기간에 급등하면서 전세대출의 이자 부담이 급증했다. 과거와 달리 금융의 지배를 확실히 확인한 전세는 입주 물량 영향과 더불어 금리변동에도 큰 영향을 받게 되었다.

이렇듯 금리 인상으로 촉발된 전셋값 하락은 집값 하락을 더 부추겼다. 덤으로 전세 사기, 역전세(전셋값이 하락하여 보증금 반환을 하지 못하는 현상), 깡통전세(전셋값이 매맷값과 비슷해지거나 높아져서 경매를 진행해도 보증금을 반환하지 못하는 현상)까지 발생하였다(전세 사기, 역전세, 깡통전세는 1부의 부록, 부동산 POINT에서 상세히 설명하도록 하겠다). 물론 그렇다고 전세라는 제도가 끝난 것은 아니다. 전셋값이 어느 정도 떨어지고 월세보다 전세가 유리해지면 사람들은 다시 전세로 이동할 것이다. 하지만 당분간 예전 같은 극단적인 전세 선호가 아닌 전세와 월세가 공존하는 시대가 될 것이다.

05

공급이 부족한 건 아니었다

공급이 부족해서 집값이 올랐다. 그러니까 주택공급을 늘려야 한다.

과연 맞는 말일까? 공급이 부족해서 집값이 오른 것이 아니라 수요가 늘어나서 오른 것이다.

주택공급이 부족해서 집값이 올랐다는 이유로 정부는 2018년 9월 3기 신도시를 비롯하여 대규모 주택공급계획을 발표하였다. 주택공급이 부족해서 집값이 올랐다는 분석은 2022년 윤석열 정부에서도 계속 이어진다. 새 정부의 주택공급 목표는 270만 호다. 물론 인허가 물량이지만 그 정도의 규모면 분당신도시 27개를 지어야 할 만큼 어마어마한 물량이다. 정권은 바뀌었지만 역시나 공급이 부족해서 집값이 올랐다는 국토교통부의 생각에는 변함이 없다.

2022년 가을쯤 국토교통부 제1차관 간담회에서 필자가 이런 질문을 하였다.

"향후 집값이 꺾이면 지금 추진하는 3기 신도시 등 270만 호 공급계획 물량이 너무 많은 것 아닐까요? 오히려 공급과잉을 걱정해야 할 수도 있는데 공급 속도 조절이 필요해 보입니다."

국토교통부 제1차관님의 답변은 이랬다.

"주택공급은 지금 집값이 오르고 내린다고 일희일비할 것이 아니라 꾸준히 공급해주어야 나중에 주택시장이 안정됩니다."

대규모 주택공급을 계속 추진하겠다는 것이다. 틀린 말은 아니지만, 주택시장 침체가 계속 이어지면 지금 추진하는 주택공급물량은 부메랑이 되어 더 큰 침체를 만드는 촉매제 역할을 할 수 있다. 주택공급이 부족해서 집값이 오른 것이 틀렸다는 얘기냐고 반문하는 분들이 많을 것이다. 물론 이론적으로 공급이 부족하면 집값은 오르고 공급이 과잉이면 집값은 떨어진다. 하지만 다음 두 그래프를 비교하면 정말 주택공급이 부족해서 집값이 오른 것인지 알 수 있다.

첫 번째는 2017년부터 2023년 6월까지 서울 아파트의 가격 추이이다. 2017년부터 2021년까지 계속 상승하다가 2022년 들어 꺾인 것을 다시 한번 확인할 수 있다.

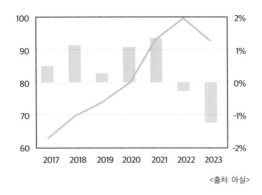

<그림1-5-1> 2017년~2023년 3월 서울 아파트 가격 추이

<출처: 아실>

다음 그림은 2017년~2025년까지 서울 아파트 입주 물량 추이다. 집값이 오른 2017년~2021년 시기 입주 물량보다 집값이 내려간 2022년의 입주 물량이 더 적다. 2022년의 입주 물량은 24,290가구로 서울의 적정 수요 47,094가구에 훨씬 못 미치며, 집값 상승에 극에 달했던 2020년 서울의 입주 물량은 45,868가구나 된다. 공급이 부족해서 집값이 올랐다고 했는데 집값이 오른 시기의 입주 물량이 집값이 내린 시기보다 오히려 더 많다. 입주 물량이 많은데 집값은 올랐고, 입주 물량이 적은데도 집값은 내려갔다. 무엇인가 잘못되었다.

<그림1-5-2> 2017년~2022년, 6년간 서울 아파트 공급 추이

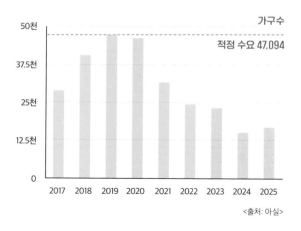

<출처: 아실>

다음 그림은 경제학의 기초인 수요와 공급 그래프이다. 공급이 줄어들면 가격이 오르고 수요가 늘어나도 가격은 오른다. 공급이 줄어들고 수요가 늘어나면 당연히 가격이 오르지만, 공급이 충분해도 수요가 공급을 넘어서면 가격은 오른다. 2017년~2021년 집값 상승은 주택공

　앞으로 3년, 무조건 올라가는 곳 알려드립니다

급이 부족해서가 아니라 수요가 공급을 초과했기 때문에 발생한 현상이다.

<그림1-5-3> **수요와 공급의 변동에 따른 가격 변화**

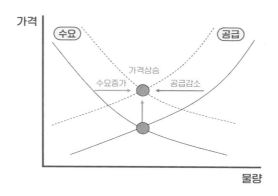

결국 공급이 부족했던 것이 아니라 집값이 더 상승할 것 같은 기대감과 지금 집을 사지 않으면 영원히 내 집 마련의 기회를 놓쳐버릴 것 같다는 두려움이 폭등을 부른 것이다. 당장 주택이 필요 없거나 구입할 생각이 없었던 수요까지 지나치게 유입되면서 주택구매 가수요가 폭발적으로 늘어난 것이다. 2022년 서울의 입주 물량은 오히려 감소했지만, 금리 인상이 만든 불안감에 그 많은 가수요가 갑자기 사라지자 집값은 내려갔다. 서울의 경우 입주 물량이나마 부족했기에 하락 폭이 크지 않았다. 하지만 적정 수요 이상으로 입주 물량이 과도했던 인천과 대구 같은 지역은 수요감소, 공급증가의 이중고에 시달리며 집값이 더 크게 떨어졌다. 주택공급은 건설에 시간이 걸리는 만큼 조절이 쉽지 않다. 정부는 인구 대비 적정 입주 물량을 면밀히 파악해서 지역별 중장기 공급계획을 세울 필요가 있다.

06 공급은 입주 물량이 중요하다

집값과 반비례하는 주택 공급은 입주 물량이 중요하다.

부동산시장 분위기에 따라 큰 영향을 줄 수도 있고 찻잔 속 태풍이 될 수도 있다.

앞서 5장에서도 확인했듯이 집값은 수요에 비례하고 공급에 반비례한다. 물론 공급이 늘어나면 아무래도 주택 매매 및 전셋값 하락압력이 커지는 것은 사실이다. 하지만 주택의 공급물량을 따질 때는 기존 아파트와 지하 단칸방 빌라까지 포함된 주택보급률보다는 시장의 수요자들이 원하는 신축 아파트의 물량이 더 중요하다.

주택공급은 절대공급인 아파트 입주 물량과 상대공급인 매물로 결정된다. 매물은 부동산시장의 분위기에 비례하여 연동하는 반면, 입주 물량은 건설 타성기간[1]의 특성 때문에 한번 추세가 정해지면 당분간 계속 진행되는 경향이 있다. 또 전셋값에도 큰 영향을 주기 때문에 입주 물량 추이를 보면 향후 3년간 부동산시장 흐름을 예측하는 데 도움이 된다.

---

[1] 부동산의 경우 착공에서 완공까지 상당한 시간이 소요된다. 그 때문에 부동산경기의 변동이 일반경기의 변화에 비해 뒤지는 시간의 차이를 의미한다.

앞으로 3년, 무조건 올라가는 곳 알려드립니다

물론 입주 물량이 집값을 결정하는 절대기준이 될 수는 없다. 공급과 가격이 반비례하는 것은 맞지만 아파트 가격은 단지 입주 물량에만 영향을 받는 것은 아니다. 부동산 정책, 금리, 경제, 유동자금, 투자심리 등 여러 변수에 의해서도 쉬이 오르내린다. 또 절대 공급인 입주 물량과 더불어 집주인들이 시장에 매물을 내놓는 상대매물의 경우 집값이 더 오를 수 있다는 기대감과 다주택 양도세 중과에 막혀 오히려 매물이 감소하면서 전체적인 공급물량을 줄인 영향도 크다.

사실 앞에서 본 서울의 입주 물량은 예외로 보는 것이 맞다. 서울은 재건축, 재개발이 아니면 1,000세대 이상 아파트를 공급할 신규택지가 없고 서울 입성을 원하는 수요는 전국에 산재해 있다. 항상 입주 물량이 부족한 지역이다. 10년 동안 입주 물량이 가장 많았던 2019년에도 서울의 입주 물량은 적정수준에 불과했다.

주택공급은 다른 재화와 달리 5년 이상의 타성기간이 필요하다. 아파트를 지을 큰 부지를 확보하고 금융권과 협의하여 PF[2]대출을 일으키고, 지자체 인허가를 받아서 분양하고, 착공에 들어간 후 2년~3년 공사해서 완공하게 된다. 하지만 PF대출의 특성상 건설회사들은 미분양을 가장 두려워한다. 부동산시장 분위기가 좋을 때는 경쟁력이 다소 떨어지는 사업지도 분양을 마치고 PF대출을 상환할 수 있다. 하지만 침체가 되면 좋은 사업지도 미분양이 발생하고, 대규모 미분양이 발생하면 건실한 건설회사를 부도로 내몰 정도로 위험하다. 그래서 시행사나 건설회사들은 시장 분위기가 좋을 때 최대한 서둘러 분양을 한다. 물이 들어왔을 때 노를 젓는 것이다. 반대로 시장 분위기가 좋지 않다면

---

2) PF(Project Financing)는 '자금을 빌리는 사람의 신용도나 담보 대신 사업계획의 수익성을 보고 자금을 제공하는 금융기법'이다. 우리나라 부동산에서는 시공보증을 담보로 한 대출에 가깝다.

사업을 연기하거나 아예 취소해버린다.

　대구, 인천지역의 부동산시장이 침체했지만 2025년까지 입주 물량이 많은 이유는 몇 년 전에 시작한 사업지의 입주 물량이 나오는 것이다. 결국 주택 공급의 타성기간 때문에 시차가 발생하여 집값이 하락할 때 호황기의 물량이 나오면서 하락 폭이 더 커지고, 집값이 오르기 시작할 때는 침체기의 분양 취소 등으로 입주 물량이 부족해지면서 악순환이 반복된다.

　그러면 2022년 집값 하락 폭이 컸던 인천광역시의 입주 물량을 한번 살펴보자. 인천의 2022년 입주 물량은 41,888가구로 적정 수요인 14,890가구의 3배 가까이 된다. 과도한 상승에 대한 피로감과 가파른 금리 인상으로 집값 상승의 기대감이 꺾이면서 투자심리가 급격히 위축됐다. 매수수요는 급감하고 매물은 늘어난 반면, 입주 물량은 적정 수요의 3배나 늘어났으니 다른 지역보다 집값이 더 하락하는 것은 당연한 현상이다. 향후 인천의 공급량은 2023년에 42,125가구로 2022년보다 더 많고, 2023년부터 줄어들기는 하지만 적정 수요를 넘어서는 입주 물량 폭탄 때문에 하락 폭도 더 크고 하락 기간도 더 길어질 가능성이 있다.

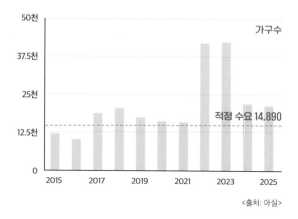

가구수

적정 수요 14,890

<출처: 아실>

　이번에는 전국적으로 가장 깊은 부동산시장 침체의 늪에 빠져 있는 대구광역시의 입주 물량을 보자. 2022년 대구 입주 물량은 19,878가구로 적정 수요 11,785가구를 훌쩍 넘어서고 있다. 공급량이 많으니 하락압력이 커질 수밖에 없고, 전세 물량 증가로 집값의 버팀목인 전셋값까지 빠지니 집값이 하락하지 않고 견딜 수는 없을 것이다. 대구 역시 2022년보다 2023년 이후가 더 걱정이다. 2023년 대구의 입주 물량은 34,419가구로 적정 수요의 3배 수준이며 서울보다 더 많다.

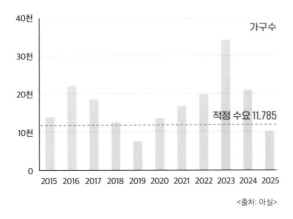

<그림1-6-2> 대구의 10년간 입주 물량 추이

가구수

적정 수요 11,785

<출처: 아실>

　　대구와 더불어 2021년~2022년 하락 1위 지역 세종시도 한번 살펴
보자. 세종시는 2020년 전국에서 가장 높은 상승을 기록했다. 저금리
와 유동성의 공통적인 영향과 더불어 당시 여당 원내대표가 국회의 세
종시 이전을 발표하면서 뜻하지 않은 수도 이전 호재가 더해졌기 때문
이다. 사실 여부를 떠나 여당 대표가 섣부른 수도 이전을 공론화하자
서울처럼 된다는 기대감에 세종시 집값은 치솟을 수밖에 없었다. 무책
임한 정치가 시장을 왜곡한 대표적인 사례로, 과열이 진정되자 거품이
보이고 입주 물량도 충분해서 2021년~2022년 2년 동안 집값은 크게
하락하였다. 다행이라면 2023년의 입주 물량이 1,782가구로 적정 수
요 1,930가구보다 소폭 낮은 수준이다. 2024년에 공급이 조금 늘어나
지만, 대구나 인천과 비교하면 세종시는 상대적으로 입주 물량 부담이
크지 않아 큰 고비는 넘겼다고 볼 수 있다.

　　　　　　앞으로 3년, 무조건 올라가는 곳 알려드립니다

<그림1-6-3> 세종시의 10년간 입주 물량 추이

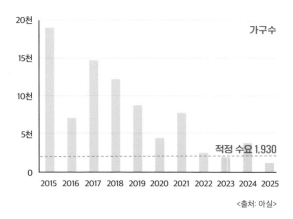

가구수

적정 수요 1,930

<출처: 아실>

　　이렇듯 예외인 서울을 제외한 나머지 지역들은 입주 물량 추이를 보면 집값 흐름을 읽는 데 큰 도움이 된다. 입주 물량이 많은 지역은 전세 물량까지 늘어나면서 매매와 전세 시장 모두 약세가 된다. 구 단위까지 확인이 가능한 만큼 투자를 생각하는 지역의 도, 시, 군 단위 입주 물량 추이는 반드시 확인하는 것이 좋겠다. 참고로 입주 물량은 조사 기관에 따라 조금씩 차이가 있을 수 있지만, 흐름을 파악하는 데는 문제가 없다.

무조건 '인 서울'이 정답일까?

서울 아파트와 지방 아파트, 영원한 승자는 없다.
부동산시장 흐름에 따라 차이가 벌어지기도 하고 줄어들기도 한다.

"아파트 투자는 오직 인 서울이 정답이겠지요?"

이런 질문을 자주 받는다. 하지만 이것 아니면 저것, O 아니면 X라는 이분법적 선택은 스스로 투자의 가능성을 줄이는 것이다. 주입식 교육을 받은 세대여서 그런지 나도 O X나 사지선다가 익숙하긴 하지만 투자는 절대 그렇게 선택지를 정해 놓고 오직 이것이 정답이라고 단정 지으면 안 된다. 상황에 따라 정답은 언제든지 변한다.

2018년까지 서울 아파트 시장은 여름의 폭염처럼 펄펄 끓은 반면, 지방 아파트 시장은 추운 겨울이었다. 하지만 2019년부터 광주나 대구, 부산 등 거점도시가 살아나더니 2020년 말에는 경남 창원, 경북 경산, 포항, 전남 여수 등 중소도시들이 조정대상지역에 지정될 정도로 지방의 아파트 가격이 많이 올랐다. 대한민국의 수도인 서울의 집값은 경제나 교통, 교육, 문화 등 인프라가 월등히 뛰어나지만, 높은 인구밀도와 부족한 주택 숫자 때문에 당연히 비싸다. 하지만 우리는 지금 집값이 비싼 이유를 논하려는 것이 아니다. 투자관점에서는 투자금액 대비 높은 수익률을 얻는 것이 더 중요하다. 서울에서 20억 원 아파트를 사서 5억 원이 오르는 것보다, 지방의 3억 원 아파트를 사서 1억 원 오르는 것이 오히려 투자수익률이 더 높다. 하지만 서울이 먼저 오르고 갭이 벌어지면 지방이 따라 움직이는 흐름이기 때문에 인내심이 필요하다.

　　2008년쯤 부동산 강의를 하고 나오는데 어떤 분이 소매를 잡고 이런 질문을 던졌다. "서울은 많이 오른 것 같은데 부산에 투자해도 될까요?" 당시에는 서울이 대세였던 지라 큰 고민 없이 "지방 아파트 시장은 어려우니 서울에 투자하는 것이 좋겠습니다"라고 대답했다. 아뿔싸, 이렇게 답하고 나서 2009년부터 부산은 무섭게 올랐지만, 서울은 상승세가 꺾였다. '아 그때 부산아파트 사라고 했어야 하는데...'라는 후회가 밀려왔다. 지금도 미안한 마음이다. 단순히 주택보급률과 직전의 부동산시장 흐름만 보았지, 공급 타성기간에 따른 입주 물량 흐름과 부동산 정책에 따른 서울과 지방 부동산시장의 시차를 제대로 파악하지 못한 결과였다.

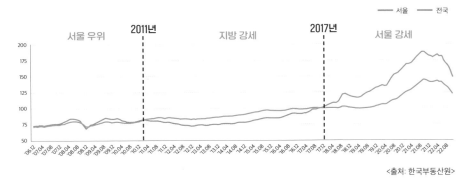

<그림1-7-1> 2006년~2022년 서울과 지방 아파트 실거래가격지수 비교

<출처: 한국부동산원>

위 그래프는 2006년부터 2022년까지 서울과 전국 아파트의 실거래 가격지수 추이를 보여준다. 2006년부터 2010년까지는 서울과 지방 모두 약세로, 굳이 비교하자면 서울이 다소 우위였다. 2011년 이후 서울은 침체가 깊어졌지만, 지방은 상승으로 전환되어 2016년까지는 지방 강세였다. 물론 지방도 지역별로 편차가 있겠지만 서울보다 지방 아파트 가격의 상승 폭이 더 컸다. 2017년부터는 서울 아파트 가격의 본격적인 상승이 시작된다. 서울과 지방 모두 큰 폭으로 상승했지만, 서울의 상승 폭이 더 크다. 2022년 금리 인상으로 투자 심리가 위축되면서 집값이 꺾였는데 조정장이 이어지면 상승 폭이 컸던 서울 수도권 지역의 하락 폭이 더 클 수밖에 없고 서울과 지방의 격차는 다시 조금씩 줄어들 것이다.

왜 이렇게 서울과 지방의 아파트 가격이 오르내리는 것일까? 아파트 입주 물량과 부동산 정책의 왜곡에서 그 원인을 찾을 수 있다. 5장

앞으로 3년, 무조건 올라가는 곳 알려드립니다

과 6장에서 살펴보았듯이 수요와 공급은 아파트 가격 형성의 기본 원리이자 매우 중요한 역할을 한다. 그중에서 입주 물량은 매매와 전셋값에 큰 영향을 미친다. 신규택지가 없는 서울은 재건축, 재개발 정비사업으로 택지를 수급하지만, 나머지 지역들은 아파트를 지을 빈 땅이 충분해서 신도시급 대규모 택지공급이나 주택공급이 언제든지 가능하다. 결국 서울은 아무리 노력해도 신규 물량이 항상 부족하지만, 지방은 아파트 시장 분위기만 좋아지면 어김없이 신규 분양물량이 늘어난다. 그리고 3년 후 입주 물량 증가에 따른 공급과잉 후유증을 겪는다. 반대로 침체가 깊어지면 미분양 우려로 공급물량을 줄이게 되고 한번 줄어든 공급은 시장이 회복되어도 갑자기 늘어나기 어렵다.

부동산 정책도 서울 집중현상을 부추기고 있다. 정부는 투기수요 억제를 위하여 서울 아파트 가격이 오르면 다주택 보유자에게 양도세와 종합부동산세라는 중과세를 매긴다. 하지만 폭탄이 떨어지는데 가만있을 사람은 없다. 다주택 보유자가 가장 먼저 선택할 방법은 가치가 높은 아파트는 보유하고 상대적으로 가치가 낮은 아파트는 정리하는 선택과 집중이다. 똘똘한 한 채는 서울에 남겨두고, 상대적으로 경쟁력이 떨어지는 지방의 아파트는 정리대상이 된다. 서울이 오를 때는 지방의 매물이 늘어나지만, 어느 정도 오르고 나면 투자수요는 규제가 덜한 지방 아파트로 몰린다. 이른바 풍선효과가 발생하는 것이다.

서울 강남을 규제하니 규제를 피해 마·용·성(마포, 용산, 성수)과 흑석 등 서울 내 인기 지역으로 수요가 유입되고, 다시 규제하면 강북과 경기 수원, 성남, 안양 등 수도권 남부권역으로, 또 규제하면 부천, 인천,

남양주 등 수도권 외곽지역으로, 다음은 부산, 대구, 울산, 광주 등 지방 광역시로 갔다가 창원, 포항, 여수 등 지방 중소도시까지 투자수요가 이동하면서 아파트 가격이 오른다.

서울과 지방 아파트 간 차이는 부동산시장 흐름에 따라서 바뀌기 때문에 항상 주의를 기울여야 한다. 서울은 인구밀도가 높고 개발될 땅이 없어 입주 물량 영향도 제한적이고 수요와 공급의 불균형이 크다. 그렇다고 사람이 사는 주거 공간인 아파트 가격이 지방과 비교하여 현격한 차이가 날 수는 없다. 같은 소비도시인 서울과 부산 대구 등 지방 광역시의 집값을 비교하면 시차를 두고 적정수준을 유지하는 움직임이 있다. 서울 집값이 큰 폭으로 상승하여 매맷값 차이가 벌어지면 향후 서울 집값 조정장이 올 때 부산 대구 아파트 가격은 다시 회복하면서 그 격차를 줄인다.

서울과 지방의 아파트 가격 차이가 크게 벌어지면 지방이 저평가된 것이고, 반대로 차이가 줄어들면 서울 아파트 시장이 저 평가된 상황이다. 이러한 서울과 지방 아파트 가격 차이의 흐름을 주시하면 아파트 투자 타이밍을 잡을 때 도움이 될 것이다.

08 인구가 줄어들면 집값은?

출산율 감소로 인구가 줄어들면 수요가, 집값이 떨어질까?
주택구매연령과 늘어나는 가구 수를 고려하여 판단하여야 한다.

"출산율 감소로 인구가 줄어들어도 집값이 계속 오를 수 있을까
요?" 인구 감소로 접어든 대한민국에서 가장 우려되는 질문이다. 수요
와 공급이라는 경제학의 기본개념에서 생각해보면 인구가 줄어든다
는 것은 주택구매 수요가 준다는 것이고, 절대수요가 줄면 집값의 하
락은 당연하다. 하지만 '무조건'이라는 단정은 옳지 않다. 예상처럼 빨
리 떨어지지 않을 수 있고 모든 지역의 집값이 동시에 하락하지도 않
는다.

"아들딸 구별 말고 둘만 낳아 잘 기르자." 1970년대에 널리 퍼졌던
이 구호에서 당시 우리나라 인구정책의 단면을 볼 수 있다. 남아선호사
상이 강했던 시절, 아들을 낳기 위해 여러 명의 자녀를 출산하는 것이
사회문제가 되면서 출산 억제 정책을 시행한 것이다. 저출산 문제가 너
무나 심각한 지금의 상황과 극명하게 대비된다. 1960년대 6명이던 출
산율이 1983년 2.1명 아래로 떨어지면서 저출산 국가가 되었고, 2001년

부터는 '초' 저출산 국가가 되면서 '아빠, 혼자는 싫어요, 엄마, 저도 동생을 갖고 싶어요'라는 표어가 등장할 정도로 인구정책은 출산억제에서 출산장려로 완전히 전환되었다. 하지만 출산장려를 위해 막대한 예산을 쏟아부었음에도 출산율은 오히려 더 큰 폭으로 감소하고 있다.

현재 OECD 전체 회원국 중에서 저출산 문제가 가장 심각한 국가가 우리나라다. 우리나라의 출산율은 2015년 1.24명에서 2018년(0.98명)에 1명 선이 붕괴하더니 2023년엔 0.72명까지 내려왔다. 두 명이 결혼했지만 한 명도 나오지 않는 셈이다. 저출산 국가의 대표였던 일본보다 출산율이 더 낮아졌다. 2022년 1분기 기준 우리나라 인구는 5,155만 명 수준으로 2020년 5,182만 명보다 27만 명이 줄었다. 2년 만에 5%가 줄어든 것이고 춘천시(28만 명) 하나가 사라진 것과 같다. 출생자보다 사망자 수가 더 많아지는 인구 데드 크로스(dead cross)가 시작되었는데 2060년이 되면 대한민국 인구가 반 토막이 날 것이라는 충격적인 전망도 나온다.

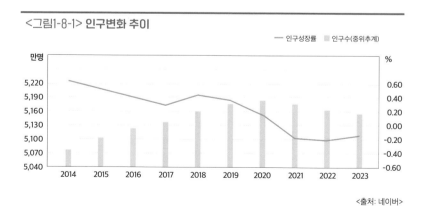

<그림1-8-1> 인구변화 추이

<출처: 네이버>

앞으로 3년, 무조건 올라가는 곳 알려드립니다

이런 전망 때문일까, 요즘 연애, 결혼, 출산을 포기한 세대를 의미하는 '삼포세대'라는 신조어까지 생겼다. 저출산의 원인에는 경제성장 둔화와 내수경기 침체로 인한 일자리 및 소득의 감소, 집값 상승으로 인한 주거비 부담 증가, 교육 및 생활비 부담 증가, 불안한 노후 걱정까지 모든 사회문제가 복잡하게 얽혀 있어서 막대한 재정투입만으로 실마리를 찾기는 어렵다. 인구 감소는 궁극적으로 수요감소에 따른 내수 경제 축소를 만든다. 이는 경제 활력과 주택 수요의 감소로 빈집 증가와 주택가격 하락 등 심각한 사회문제로 이어질 수 있다.

절대수요인 인구가 줄어들면 집값은 당연히 떨어질까? 아주 틀린 말은 아니다. 하지만, 출산율과 인구의 감소가 바로 집값 하락으로 이어지지는 않는다. 오히려 실제 부동산을 살 능력이 있는 경제활동 가능 연령층인 40대~60대의 변화를 눈여겨보아야 한다. 아래 그림은 2023년 기준 우리나라 인구의 연령대별 피라미드 구조다. 앞서 말한 40대~60대가 있는 허리가 너무 두껍다. 현재 부동산시장에서 인구에 따른 절대수요의 영향은 제한적이며, 부동산시장의 분위기나 매물의 증감 같은 상대수요가 더 중요하다. 출산율이 줄어들어도 주택구매연령까지 성장하려면 어쨌든 30년 정도 시간이 필요하다. 1950년대 후반부터 출산율이 크게 늘었음에도, 집값이 본격적으로 오른 것은 1980년대 후반부터였는데, 이는 바로 출산율과 주택구매연령인구와의 시차 때문이었다.

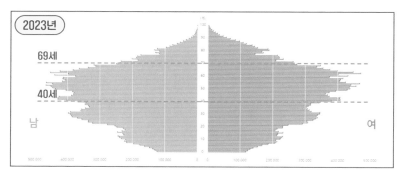

<단위: 만 명, 출처: 통계청>

하지만 지금부터 30년 후에는 달라진다. 아래 그림을 보자. 30년 후 주택구매연령을 예측해보면 앞서 본 현재 주택구매연령보다 매우 얇아진 허리를 볼 수 있다. 나이가 내려갈수록 급격하게 줄어들기 때문에 30년 후 부동산시장이 현재처럼 투자수요가 충분할지 의문이다. 지역별 양극화의 심화로 일자리와 인프라가 잘 갖춰진 서울 수도권과 광역시는 인구 유지가 가능하겠지만, 지방 중소도시들은 인구 소멸을 걱정해야 할 수도 있다.

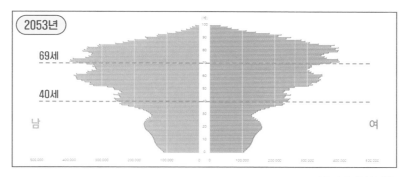

2053년

69세

40세

남   여

<단위: 만 명, 출처: 통계청>

일본 신도시 몰락의 이유도 위에서 말한 것과 일치한다. 인구 감소와 함께 고령화와 버블 붕괴로 인한 '도심 회춘화(回春化)' 현상이 발생하면서 신도시에서 도쿄 등 중심지역으로 인구가 이동했기 때문이다. 서울 수도권이나 지방 광역시 또한 출산율은 줄어들고 있지만, 대학교, 직장 등의 이유로 지방에서 수요가 꾸준히 인구가 유입되고 있다. 서울의 인구가 감소하고 있다는 통계는 사람들이 서울의 높은 주거비용 부담에 등 떠밀려 경기도와 인천으로 이동했기 때문이다. 서울이나 경기도, 인천 등 수도권 전체로 보면 인구는 늘어나고 있다. 반면, 확실한 경쟁력을 갖추지 못한 인구 50만 명 이하 중소도시들은 소멸 시계가 돌아가고 있다. 인구유출을 막고 인구를 늘리기 위한 대책을 마련해야 할 것이다.

또 가구 수 증가도 고려대상이다. 늦게 결혼하거나 아예 결혼하지 않는 미혼 독신 확산, 평균수명연장과 독거노인 증가 영향으로 1인~2

인 가구 증가가 두드러졌다. 가구 수가 늘어나면 주택 구입의 절대수요가 늘어나는 효과가 있지만, 이미 소득 대비 부담스러울 정도로 오른 집값에 비해 1인~2인 가구의 주축인 20·30대의 소득수준은 그에 미치지 못하기 때문에 가구 수 증가의 효과는 기대보다는 크지 않을 수 있다.

특히 10년~20년 후 주택구매연령으로 성장해야 하는 20·30대가 앞에서 말한 것처럼 영끌 투자와 집값 하락의 악재를 맞았다. 만약 이런 악재로 투자원금마저 줄어들게 된다면 10년이 지나도 주택구매능력을 회복할 수 없을 가능성이 크다. 이렇게 된다면 미래의 성장동력을 잃을 수 있어서, 부동산시장에는 매우 치명적이며 아픈 일이 아닐 수 없다.

다만 금리상승과 집값 하락이라는 이중고를 겪고 있는 20·30대에게 당부하고 싶은 말은, 이 상황이 절대 여러분들 잘못이 아니라는 것이다. 집값 폭등을 막지 못한 정부와 국회, 아파트 시장이 투기판이 되도록 방치하고 동조한 기성세대들의 책임이기에 절대 스스로 책망하지 않길 바란다, 금리 인상의 불확실성도 정점을 찍었고 장기적으로 아파트 가격은 인플레이션에 따른 화폐 가치의 하락만큼 우상향할 것이다. 허리끈을 졸라매고 힘든 시기를 잘 버티면 반드시 다시 희망을 찾을 수 있다.

09 부동산 규제의 메커니즘

부동산 정책은 부동산시장 흐름에 따라 나온다.
부동산 정책의 메커니즘을 알면 타이밍을 잡을 수 있다.

미래는 신의 영역인지라 전문가들이라 해도 100% 예측은 어렵다. 오죽하면 전문가 예측보다 동전 던지기의 확률이 더 높다는 우스갯소리를 하겠는가? 누누이 말하지만, 부동산은 금리, 국내외 경제 상황, 부동산 정책, 수요와 공급 등 여러 변수의 영향을 받는다. 특히 아파트시장은 투자심리에 따라 크게 영향을 받는다. 그렇지만 섣부른 예측은 잘못된 판단으로 연결될 수도 있는 만큼 부동산 정책의 메커니즘을 알고 정책이 주는 시그널을 읽으면 정확한 타이밍을 잡는 데 큰 도움이 된다.

부동산 정책은 시장의 흐름에 따라 나온다. 아래 그림처럼 부동산시장의 흐름이 상한기준선을 넘어서 과열되면 어김없이 부동산 규제대책이 나온다. 반대로 부동산시장 흐름이 하한기준선 아래로 내려와 냉각되면 규제 완화로 이어진다.

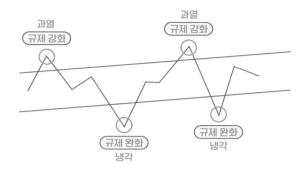

<그림1-9-1> **부동산시장 흐름에 따른 대책**

친절하게도 정부는 부동산 대책을 통해서 현재 시장이 과열인지 냉각인지, 어느 지역이 올랐는지 상세하게 알려주고 있다. 부동산 대책이 발표되면 뉴스만 보지 말고 배포되는 보도자료를 꼼꼼하게 읽어봐야 하는 이유다. 참고로 부동산 대책 보도자료는 국토교통부 홈페이지에서 배포하고 있다.

이렇게 부동산 대책이 발표되었다는 것은 정부가 개입할 정도로 부동산시장의 흐름이 비정상이라는 의미다. 문재인 정부 시절 26번이 넘는 대책을 발표하였다는 것은 집값이 그만큼 많이 올랐다는 것이고, 2022년 10월부터 2023년 1월까지 파격적으로 규제지역을 해제했던 것은 그만큼 집값 하락 속도가 가팔랐기 때문이다.

이렇듯 부동산 대책이 주는 신호를 파악하면 투자 타이밍을 잡는 데 도움이 된다. 하지만 발표를 보고 시장에 바로 반영될 것으로 생각

앞으로 3년, 무조건 올라가는 곳 알려드립니다

하면 곤란하다. 부동산시장은 무거운 기차와 비슷하다. 브레이크를 풀고 달려나가려 해도 시간이 걸리고, 반대로 제동을 걸어도 빨리 멈추지 않는다. 부동산 대책이 시장에 직접 영향을 미치는 것은 발표 후 짧게는 1년 길게는 3년 정도의 시간이 필요하다. 예를 들어, 양도세는 양도차익에 대한 세금으로 매도할 때 내기 때문에, 심리적인 부담은 주어도 지금 당장 직접적인 영향을 주지는 못한다. 앞에서 설명했지만, 주택공급은 건설의 타성기간을 고려해야 한다. 신도시 같은 대단지 아파트는 대책발표 후 입주까지는 빨라야 10년 정도 시간이 필요하다. 실질적인 공급의 효과는 10년 후 발생하는데 그사이 부동산시장 흐름이 과열에서 냉각으로 반전되면 기대했던 공급 효과는 입주 물량 폭탄의 부메랑이 되어 돌아온다.

반면 부동산 대책의 심리효과는 짧게는 1달 정도 길게는 1년 정도 이어질 수 있다. 사람들 대부분은 부동산 대책이 발표되면 있는 대책의 규제내용을 있는 그대로 받아들이는 것이 아니라 자신한테 유리하게 해석을 하는 확증편향 경향이 많다. 이런 확증편향은 물질적 이익을 얻으려는 인간이 가지는 본능이다. 집값이 더 오를 것 같은 기대감으로 구매 욕구가 강해지면 세금, 대출 등 구매 능력을 억제하는 규제를 하더라도 구매를 고려한다. 그래서 부동산 대책이 발표되어도 정부의 기대와 달리 집값이 오르는 경우가 많다.

이런 심리효과와 실질효과의 반복이 누적되면서 집값이 시장의 허용한계선에 다다르면 그동안의 피로감 때문에 투자자의 구매욕이 사라진다. 그러면 자연스레 부동산시장의 분위기가 바뀌게 된다. 2022년 하반기 집값 하락은 위와 같은 상황에서 금리 인상이 기폭제가 되어 시작한 것이다.

참고로 가장 강력한 규제 카드는 조정대상지역, 투기과열지구 등 규제지역 지정으로 양도세 종합부동산세 중과 등 세금을 무겁게 하고, DSR 등 대출 문턱을 높이는 것이다. 반대로 가장 강력한 규제 완화는 규제지역 해제로 세금 부담을 줄여주고 더 나아가 5년간 양도세 면제(양도세 특례)와 DSR 대출 완화 카드다. 혹시라도 향후 부동산시장이 다시 침체가 되어 거래 활성을 위한 양도세 한시적 면제나 DSR 대출을 풀어주는 대책이 나오면 용기를 내어 저가 매수의 기회로 활용하는 것이 좋다.

⑩ 일본의 잃어버린 20년 따라갈까?

성장동력을 잃어가는 경제, 고령화와 저출산 등 구조적인 문제 그리고 금리 인상으로 인한 부동산시장 침체까지, 이러다가 일본과 같은 장기불황으로 갈 수도 있다.

지금 대한민국 경제는 고용, 소비, 지출, 기업, 수출의 5중고에 시달리고 있다. 한강의 기적이라 불릴 만큼 높은 경제성장은 이제 호랑이 담배 피우던 시절처럼 옛이야기가 되었다. 일본의 잃어버린 30년이라는 장기 침체를 틈타 반도체를 비롯한 전자, 조선, 철강, 자동차 등 많은 부분에서 빠르고 높게 성장을 한 대한민국은 이제 일본의 전철을 밟는 것이 아닌가 하는 걱정을 해야 하는 상황이 되었다. 이렇게 일본과 비교하는 이유는 대한민국의 경제, 사회 시스템의 진행 상당 부분이 일본과 비슷하기 때문이다.

일본의 의류 내수판매는 1991년 15조 3,000억 엔을 정점으로 현재는 그 2/3 수준으로 내려왔다. 자동차 내수판매 역시 1990년 777만 대의 기록이 아직도 깨어지지 않고 있으며 주택거래량 역시 1986년을 정점으로 내리막을 걷고 있다. 1985년~1990년까지 연평균 4.3%이던 일본의 GDP 성장률 역시 1991년 이후 20년 동안 연평균 1.1%로 주저앉았다. 우리나라도 일본의 전철을 따라가듯 국내 의류, 가방 등 패션 상품 소비액은 2008년 금융위기 이후 증가세가 꺾였고 자동차 판매도 줄어들고 있으며 GDP 성장률도 2%대에 머물러 있다. 또 주택거래량도 2015년 110만 건에서 2022년 50만 건으로 줄어들었다. 또 일본은 1994년 인구 14%가 65세 이상인 고령사회에 진입하였다. 우리나라는 2017년부터 고령사회가 되었다. 일본과 거의 20년 터울 형제의 모습을 보이고 있다.

잠재GDP 성장률과 실질GDP 성장률 차이인 GDP 갭(Output Gap)이 2013년부터 연속 마이너스를 기록하고 있는데, 일본 역시 1993년부터 14년간 마이너스를 기록하면서 장기 침체로 빠졌다. 최근 소소하지만 확실한 행복을 추구하는 소비패턴이 늘어나면서 비싼 유명호텔 빙수를 줄 서서 먹는다든지, 저가상품을 사면서도 해외여행을 하거나 작은 사치를 하는 소비패턴이 나타나는 것도 내수 침체의 징조다.

또한 두 국가 모두 주요 상품 소비가 정점을 찍은 후 고령사회 진입과 생산가능인구(15세~64세) 감소가 진행 중이다. 그 여파는 늘어난 기대수명에 반해 노후 준비가 제대로 되지 않은 우리나라가 일본보다 더 심각할 수 있다. 가장 큰 문제는 노인층 소비 감소보다 취업난에 시달리는 돈 없는 젊은 세대들의 소비 감소다. 이른바 강제 소비 감소 현상인데 2014년 처음 10%대로 진입한 청년실업률은 매년 증가하면서 지출은 큰 폭으로 감소하고 있다. 취직도 어렵지만, 취직하더라도 주택과 자녀교육의 문턱에 막혀 아예 결혼을 안 하겠다는 문화가 퍼지고 있어서 인구 감소 속도는 더 빨라질 것 같다.

일본은 고령화사회(65세 이상 인구 비율이 7% 이상)에서 고령사회(65세 이상 인구 비율이 14%이상)로 가는 기간이 1970년에서 1994년까지 20년 걸린 반면, 우리나라는 1999년에서 2012년까지 13년밖에 걸리지 않았고, 고령사회(65세 이상 인구 비율이 14% 이상)에서 초고령사회(65세 이상 인구 비율이 20% 이상)까지 가는 기간은 일본이 1994년에서 2006년까지 12년, 우리나라는 2012년에서 2021년까지 9년 걸렸다.

그리고 우리는 역사에서 고령화가 집값에 미치는 영향을 알 수 있다. 일본은 1990년대 초반까지, 미국은 2000년대 초반까지 베이비붐 세대의 은퇴를 앞두고 집값이 급등하면서 버블 붕괴의 아픔을 겪었다. 일본의 베이비붐 세대는 1930년부터 1964년까지, 미국은 1946년부터 1964년, 우리나라는 1955년부터 1963년(2차 베이비붐까지 포함하면 1974년)까지다. 베이비붐 세대의 시발점에 60을 더하면 주택가격 하락이 시작된다는 이야기가 있는데 일본의 베이비붐 세대의 시작인 1930년에 60을 더하면 1990년이 된다. 공교롭게도 1990년부터 일본은 잃어버린 30년의 장기불황이 시작되었다. 미국의 경우 1946년에서 60년을 더하면 2006년이며 2008년 글로벌 금융위기 발생으로 부동산 가격이 폭락하였다. 우리나라는 2차 베이비붐 시작인 1964년을 기준으로 하면 2024년이 된다.

1949년~1989년까지 40년간 물가상승률을 반영한 일본의 도심 지가(地價)는 52배 올랐다. 우리나라는 1964년~2013년까지 49년간 토지의 실질가격이 83배 올랐다. 일본은 도심이고 우리나라는 산이 포함된 전국 지가이니 우리나라 땅값이 더 많이 오른 것이다. 1980년에서 10년 동안 일본 도쿄의 평균 주택가격은 27.6% 상승하였다. 우리나라는 2013년~2022년 동안 서울 아파트 매맷값이 81.4%나 상승했다. 과도한 상승에 대한 피로감이 누적된 상태에서 2022년 가파른 금리 인상으로 부동산시장의 위기는 시작되었다. 고령화와 저출산, 저고용, 저성장 등 구조적인 문제를 빨리 개선해야 하고 2022년부터 시작된 집값 조정기를 잘 넘기지 못한다면 일본의 잃어버린 30년 장기 침체를 따라갈 가능성이 크다. 잃어버린 30년처럼 장기간 부동산시장이 침체하면 그 후유증은 고스란히 대한민국 경제로 이어진다.

일본은 1990년대 미국 경제를 따라잡을 엄청난 기세를 가진 세계 경제 2위 대국이었고 국가부채 역시 자국민들의 저축에서 빌린 돈이지만, 우리나라는 수출을 제외한 나머지 부분에서는 선진국 수준에 미치지 못하며 국가 채무의 대부분을 외국에서 조달하고 있어 위기 상황이 발생하면 위험에 더 취약한 구조이다. 자산 대부분이 부동산에 집중된 우리나라의 현실을 고려하면 자칫 우리나라가 일본보다 더 깊은 침체를 겪을 수 있다.

하지만 대한민국과 일본은 다르다는 반론도 있다. 미국의 경우 2008년 글로벌 금융위기로 2년~3년 큰 폭의 집값 하락이 있었지만, 기축통화 국가의 장점을 살려 막대한 유동성을 공급하는 등 발 빠른 대처로 장기 침체로 가는 길목을 차단했고 과감한 친기업과 경기 활성 정책으로 어느 정도 극복하고 있다. 일본의 장기 침체는 부동산가격하락과 더불어 변화를 두려워하는 일본의 국민성과 시대를 따라가지 못하는 낙후된 정치 시스템 영향도 크다.

　일본의 잃어버린 30년은 급격하게 성장한 일본을 견제하기 위한 미국의 요구로 인위적인 환율조정(플라자합의)을 하면서 인위적으로 푼 유동자금이 부동산으로 유입되었고 부동산 가격은 폭등하였다. 당시 일본 기업과 은행들은 일본을 넘어 미국의 빌딩 구매에도 열을 올렸다. 급등한 부동산 가격에 놀란 일본 정부는 급격한 대출 규제와 금리 인상의 무리수를 던졌고 투자심리가 갑자기 위축되었다. 결국 정책의 실패, 인구 감소로 인한 수요 위축, 버블 시절 지은 주택의 공급 과잉이 동시다발적으로 발생하면서 걷잡을 수 없는 침체에 빠져버렸다.

　우리에게 닥친 현실인 출생률의 급격한 감소와 빠른 고령화, 경기 침체, 10년 동안 지나치게 오른 집값은 분명 걱정된다. 하지만 인구 감소의 부작용은 주택구매 대다수를 차지하는 40세~69세 인구 감소까지 20년 정도 시간 여유가 있고, 인구가 유입되는 서울 수도권이나 광역시의 경우 인구 감소의 시계는 더 늦어질 가능성이 크다. 단, 인구 유출이 발생하고 있는 지방 중소도시들은 일본보다 더 심각한 침체에 빠질 수도 있는 만큼 부동산시장의 연착륙(서서히 안정)을 위해 신중한 부동산 정책이 필요하다. 또 목표 수치만 무조건 달성하려는 주택공급보다 인구이동과 감소를 고려하여 10년 후에도 주택 부족이 예상되는 지역 위주로 주택을 공급하도록 주택공급계획을 전면 재검토해야 한다.

　마지막으로 아파트를 투기 수단으로만 활용하기보다 집이 필요한 사람들은 집 하나는 보험이라 생각하고 더 쉽게 구매할 수 있도록, 능력이 되는 다주택자들은 10년 장기 임대 등 사회적 책무를 다할 때만 규제 완화의 혜택을 받을 수 있도록 정책 방향을 설정했으면 좋겠다.

빌라왕이 판치는 세상, 전세 사기 당하지 않기

2022년 말 빌라와 오피스텔을 1,000채 이상 보유한 임대사업자가 사망하면서 보증금을 돌려받지 못하는 전세 사기 사건이 전국을 강타했고 2023년 인천 건축사기왕을 비롯해서 동탄, 구리 등 전국에서 동시 다발적으로 전세 사기가 기승을 부리고 있다.

보증금을 반환하지 못하는 문제는 두 가지로 구분할 수 있다. 임대인의 사기나 매맷값 하락으로 전셋값이 매맷값과 비슷해지거나 더 높아져서 경매로 넘겨도 전세금을 온전히 돌려받지 못하는 깡통전세와 전셋값이 하락하면서 하락한 전세금을 반환하지 못하는 역전세 현상이다.

이중 역전세 현상은 후발적 원인으로 집주인이 의도하지 않은 사고에 가깝다. 하지만 역 전세 현상을 이용하여 감당하기 어려울 만큼 많은 집을 무자본 갭투자로 늘린 것은 법을 떠나서 세입자들에게 큰 피해를 주는 것인 만큼 사기나 다름없다.

전세 사기의 유형은 아래 그림에서 보듯이 빌라를 짓는 건축주와 분양 컨설팅, 브로커 중개사, 바지 임대인들의 합작 사기로 시세보다 높은 전셋값으로 계약을 유도하거나 보증보험가입으로 안심시키기도 하고 계약 후 임대인 명의변경을 해서 고의부도를 내는 등 다양하다.

<그림 POINT1-1> 전세 사기 유형

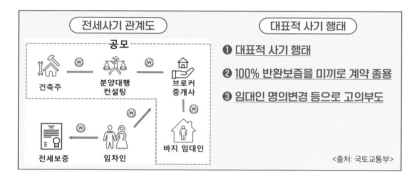

문제가 심각해지자 정부와 국회는 급증하는 전세 사기를 막고 피해자들을 지원하기 위해 전세 사기 특별법을 만들어 2023년 6월 1일부터 2년간 한시적으로 시행한다.

전세 사기 피해자 대상 요건은 다음과 같다.

① 대항력(주민등록 전입신고 + 주택 인도/이사) + 확정일자 or 임차권등기명령, 신탁사기 등 대항력이 없는 경우도 특별법에 따른 금융지원 가능
② 보증금 3억 원 이하 (5억 원까지 조정 가능)
③ 수사개시 및 임대인 등의 기망이나 반환능력 없는 자(바지 사장)에게 소유권 양도 또는 반환능력 없이 다수주택 취득/임대 등

앞으로 3년, 무조건 올라가는 곳 알려드립니다

대상 요건을 충족한 전세 사기 피해 임차인은 가장 먼저 관할 지방자치단체 피해지원단체에 신청해야 한다. 지자체의 조사 및 국토교통부 위원회의 심의와 의결을 거쳐 60일 이내 전세 사기 피해자로 분류되면 특별법 지원을 받을 수 있다. 통보를 받으면 30일 이내 이의를 신청할 수 있고, 이후 20일 이내에 재심의 결과를 받을 수 있다.

전세 사기 특별법 대상이 되면 다음과 같은 지원 혜택을 받을 수 있다.

1. 경매, 공매 절차 지원

① 거주 주택 경매, 공매 유예 및 정지 신청
② 경매, 공매 절차 지원을 희망하면 법률상담 및 경매대행 등 원스톱 서비스 제공 (수수료 70% 지원)
③ 피해 임차인에게 우선 매수할 수 있는 권한인 경매, 공매 우선매수권 부여
④ 우선매수를 원치 않는 피해 임차인은 LH 등 공공이 낙찰받은 후 공공임대로 공급
⑤ 임대인의 전체 세금체납액을 개별 주택별로 안분하여 경매 주택의 세금 체납액만 분리 환수하는 조세채권 안분

2. 신용 회복 지원

기존 전세대출 미상환금을 최장 20년간 분할상환하고, 신용정보

등록의 유예를 허가하여 피해자가 신규 구매 및 전세자금을 대출할 수 있도록 함

3. 금융지원

① 최우선변제금 받지 못하는 피해자들은 경매, 공매 완료 시점 최우선변제금 수준으로 최장 10년간 무이자 대출 (소득, 자산 미고려)
② 피해자가 거주 주택을 경락받거나 신규주택 구매 시 저금리의 주택 구매자금 대출 지원

4. 긴급 복지 지원

생계 곤란 가구에 긴급 생계비(162만 원, 최대 6개월), 의료비(1회 300만 원), 주거 지원(월 66만 원, 최대 12개월), 교육지원(고등 21만 원, 최대 4분기)

미반환 전세금에 대한 직접 구제가 빠져 많이 아쉽겠지만, 경매 우선 매수나 무이자 및 저금리 대출 등 다양한 혜택을 받을 수 있는 만큼 피해자들의 적극적인 신청을 권장한다. 하지만 전세 사기는 그 특성상 피해가 발생하면 온전히 회복하기 어려운 만큼 예방이 최선이다.

전세 사기를 예방하려면 시세를 꼼꼼히 확인한 후 전세가율(매맷값과 전셋값의 비율)이 80% 이상이거나 세금체납이나 선순위 권리 관계(은행 근저당 등)가 있는 집이라면 가급적 계약하지 않는 것이 좋다. 꼭 계약하고 싶다면 전세보증보험에 반드시 가입하는 것이 좋겠다.

앞으로 3년, 무조건 올라가는 곳 알려드립니다

혹시라도 전세 사기 피해를 봤거나 의심이 된다면 전세피해지원센터(1533-8119)에 전화해서 상담을 받으시고, 각 지자체 전세피해지원센터를 확인해서 사전예약을 한 후 방문하여 전세 사기 특별법 지원신청을 해서 조금이라도 도움을 받기 바란다.

마지막으로 전세 사기는 사기꾼들이 문제고 잘못된 것이지 절대 전세 사기를 당한 피해자 잘못이 아니다. 절대 자책하거나 자괴감으로 혼자 괴로워하지 말고 반드시 부모님을 비롯해 가족이나 친지, 친구 등 내가 도움받을 수 있는 주변인들 손을 잡고 헤쳐 나간다면 반드시 극복할 수 있을 것이다.

2부

부동산, 특히 아파트 투자의 성공은 타이밍에서 결정된다. 장기적으로 아파트의 가치는 인플레이션으로 인한 화폐 가치의 하락보다 더 많이 올라간다. 하지만 말이 쉽지, 집값이 내려가는 데 마음 편히 장기 보유하는 것이 생각처럼 그리 쉬운 일은 아니다. 꼭지 부근에 들어갔다가 긴 시간 동안 마음고생을 하다가 도저히 못 견디고 팔면 다시 상승하는 악순환의 고리를 끊어버려야 한다.

부동산 투자는 타이밍이다

1부에서 배운 부동산시장을 읽는 능력과 함께 2부에서는 바닥의 시그널을 제대로 알고, 벌집순환모형으로 부동산시장의 순환구조와 금리, 전세의 중요한 포인트까지 분석한 후 3년 후 부동산시장의 흐름까지 예측해보도록 하겠다.

바닥을 나타내는 신호를 알면 타이밍을 잡는 데 큰 도움이 된다.
바닥 신호 첫 번째는 고점 대비 30% 이상 하락하였는지를 보는 것이다.

2012년~2013년 당시 "이대로 아파트 투자는 끝나는 것이 아닐
까?" 이런 뉴스가 나왔다. 1998년 IMF 외환위기 때 등장했던 아파트
투자 종말론이 다시 등장한 것이다. 집값이 반등하다가 꺾이는 현상이
반복되다가 2011년 3월 DTI 한시적 배제 연장이 무산되자 매수심리가
실망으로 돌아서면서 집값이 큰 폭으로 하락한 것이 원인이었다.

<그림2-1-1> IMF 외환위기 당시 집값 폭락을 다룬 신문 기사

앞으로 3년, 무조건 올라가는 곳 알려드립니다

1부에서 살펴본 것처럼 그 후 10년이 지난 2022년 부동산시장은 다시 한번 크게 떨어졌다.

이제 바닥을 확인한 것일까? 지금이 바닥이 아니라면 얼마나 떨어지면 바닥을 확인할 수 있을까? 미래를 알 수는 없지만, 과거의 사례를 통해 바닥이 언제인지 유추할 수 있다. 바닥의 시그널만 제대로 알아도 확률 높은 매매 타이밍을 잡는 데 큰 도움이 된다.

첫 번째는 고점 대비 하락 폭을 알아보는 방법이다. 지금 우리는 2021년 하반기의 거래가가 최고점이라는 것을 확인했다. 또 2022년 12월~2023년 1월에 거래된 가격이 1차 바닥이라는 점도 확인했다. 아래 그림은 2023년 6월 기준 송도국제도시에서 인기가 높은 더샵퍼스트파크 15BL(872세대, 2017년 사용승인) 전용 84㎡ 실거래가격 추이 그래프다. 2021년 9월 19층의 14억 7,000만 원이라는 최고가 거래 이후 꾸준히 하락해 2022년 11월에는 11층의 같은 평형이 8억 8,000만 원에 거래가 되었다. 고점 대비 40%나 하락한 것이다.

<그림2-1-2> 송도 더샵퍼스트파크15BL 전용 84㎡ 년간 실거래가 추이

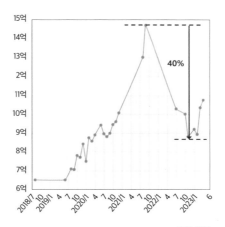

<출처: 아실>

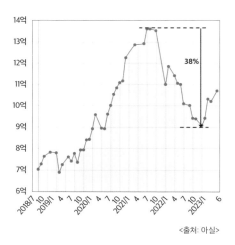

<그림2-1-3> 동탄역시범우남퍼스트빌 전용 84㎡ 5년간 실거래가 추이

<출처: 아실>

이번에는 동탄2신도시의 대표 아파트 중 하나인 동탄역시범우남퍼스트빌(1,442세대, 2015년 사용승인) 전용 84㎡ 실거래가격 추이를 알아보자. 2021년 7월 11층의 14억4,000만 원이 최고가 거래다. 이 아파트 또한 가파르게 떨어져 2023년 1월에는 같은 11층이 8억9,000만 원에 거래가 되었다. 고점 대비 38% 하락이다.

이번에는 강남으로 와서 도곡주공을 재건축한 도곡렉슬(3,002세대, 2006년 사용승인) 전용 84㎡ 실거래가 추이를 보면, 2021년 9월 21층의 32억 원이 최고가 거래였다. 2022년 6월의 16억 원 거래는 직거래로 특수관계 거래로 의심되어 표본에서 제외하면 2023년 1월의 17층 23억 5,000만 원 거래가 최저점으로 판단된다. 고점 대비 27% 하락이다.

　앞으로 3년, 무조건 올라가는 곳 알려드립니다

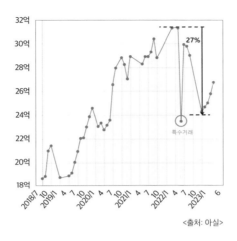

<그림2-1-4> 도곡렉슬 전용 84㎡ 5년간 실거래가 추이

<출처: 아실>

　지역마다 단지마다 차이가 있어 무조건 똑같이 떨어질 수는 없지만, 대체로 30% 혹은 그 이상 하락하기도 했다. 아무래도 서울과 비교해서 외곽이며 2020년~2021년 상승 폭이 컸던 송도와 동탄의 아파트 가격이 더 많이 하락했다. 1부에서 말한 저수지 이론처럼, 입지나 모든 면에서 중심지 역할을 하는 강남아파트는 상대적으로 덜 떨어지는 경향을 보인다.

　최근 실거래 추이만 보고 판단하는 것은 너무 단편적일 수 있다. 그렇다면 과거 2006년~2012년 부동산시장 격동기 시절 도곡렉슬 아파트의 가격변동 폭을 살펴보자. 2006년 10월 해당 아파트의 19층 매물이 15억 원에 거래되었고, 2013년 3월 6층이 9억5,000만 원에 거래가 되어 최고점 대비 36% 하락하였다. 대략 고점 대비 30% 이상 하락하면 바닥에 가까워졌다고 볼 수 있다.

　이번에는 강남의 대표적인 재건축아파트인 은마아파트(4,424세대, 1979년 사용승인) 전용 76㎡ 실거래가 추이를 살펴보자. 2021년 11월에 11층 매물이 26억3,500만 원으로 최고가 거래였다. 하지만 2023년 1월, 17억9,500만 원으로 42%나 하락하였다. 강남에서 교육, 교통환경이 빼어난 은마아파트는 왜 이렇게 많이 하락했을까? 투자가치가 높고 인기가 많더라도 이렇게 크게 하락한 이유는 재건축 특성상 실거주보다 투자 수요가 많이 유입되었고 전셋값이 낮아서 자기자본 투자 비중이 높다.

　생각해보라, 녹물이 나오고 주차도 어려운 노후 아파트에 거주하고 싶은 사람이 어디 있겠는가? 당연히 전세가 낮을 수밖에 없고, 그만큼 나의 자기자본이나 대출이 더 들어가야 하는 것은 당연한 이치다. 과거 2010년~2012년 하락기에도 일반 아파트보다 재건축아파트나 재개발 물건의 하락 폭이 더 컸다. 2006년, 11층이 11억 6,000만 원에 거래되었고 2012년 14층이 6억 9,400만 원에 거래되어 고점 대비 40%나 하락했다.

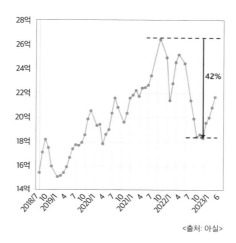

<그림2-1-5> 은마아파트 전용 84㎡ 5년간 실거래가 추이

<출처: 아실>

　　지역에 따라 차이는 있지만, 고점 대비 30% 또는 그 이상 하락하면 바닥에 가까워졌다고 판단할 수 있다. 재건축·재개발 물건의 하락 폭은 고점 대비 40% 이상, 어쩌면 더 클 수도 있다.

무주택 실수요자가 선택하는 분양시장에서 계약되지 않은 미분양 물량은 부동산시장 분위기를 알 수 있는 지표다. 미분양 물량을 보고 바닥 시그널을 예측해보자.

미분양은 부동산시장의 흐름을 읽는 지표 중 하나다. 아파트를 구매하는 방법은 기존 매물을 구매하는 매매, 경매에 참여해서 낙찰받는 경매, 청약을 통해 분양을 받는 분양, 부모님 등 특수관계인으로부터 받는 증여 등의 방법이 있다. 이 중 분양은 투기보다는 실거주 목적의 수요가 더 큰 비중을 차지하고 있다. 그래서 미분양이 늘어난다는 것은 집이 필요한 실수요자들도 내 집 마련을 미룬다는 의미로 해석할 수 있다.

아무리 집이 필요한 실수요자라도 집값이 더 내려갈 것 같은 분위기에서 용감하게 집을 사는 경우는 없다. 지금까지 주택을 구매하지 않은 무주택 실수요자들은 자금이 상대적으로 부족하여 구매 능력이 낮거나, 자금은 있는데 굳이 주택을 구매하려는 의지가 약한 분들이 많아서 부동산시장 침체기에 더욱 움츠러드는 경향이 있다. 그래서 미분양 물량의 증감 추이가 부동산시장 분위기를 나타내는 지표가 되는 것이다. 전국기준 미분양 10만 호, 서울 기준 미분양 3,000호, 수도권(서울, 경기, 인천) 기준 미분양 3만 호가 넘으면 부동산시장이 매우 침체해 있다고 볼 수 있다.

이렇게 미분양이 늘어나면 건설 경기가 급속도로 위축되면서 도산하는 건설회사들이 늘어난다. 그 여파로 협력사들과 더불어 가구, 가전, 이사, 부동산중개업소 등 여러 연관업종이 불황에 시달릴 것이다. 내수경제에도 부정적인 영향을 미치고 장기적으로는 공급물량 부족으로 이어질 수도 있는 만큼 미분양이 위험수위로 올라가면 정부는 건설 경기 활성화를 위한 대책을 내놓을 수밖에 없다. 그래서 우리는 미분양 추이를 예의 주시할 필요가 있다.

서울과 수도권, 지방 광역시나 지방 중소도시 각각 상황이 달라서 IMF 외환위기나 글로벌 금융위기처럼 거대한 충격파가 있는 경우가 아니면 동시에 미분양이 늘어나는 경우가 많지는 않다. 공교롭게도 2023년 부동산시장은 2022년의 가파른 금리 인상이 여전히 진행 중이다. 금리 인상에 따른 대출이자 부담과 전셋값 하락의 영향 때문에 글로벌 금융위기 시절처럼 미분양이 10만 호라는 임계점을 빠르게 넘어설 가능성이 크다.

아래 그림은 지난 20년 동안 전국의 미분양 물량을 나타낸 그래프다. 2021년 12월 1만 7,710호였던 전국 미분양은 2023년 1월 7만 5,359호로 늘어났다. 불과 1년 만에 6만 호 가까이 증가한 것으로 증가 속도만 보자면 거의 2008~2009년 글로벌 금융위기 수준이다. 다행히 2월부터 미분양은 서서히 줄어들어 2023년 5월 68,865호로 증가세는 멈추었다. 하지만 부동산시장 상황에 따라 언제 또 늘어날지 알 수 없기에 긴장의 끈을 놓을 수는 없다. 참고로 2008년~2009년 글로벌 금융위기 시절에는 16만 호가 넘기도 하였다.

<그림2-2-1> 2003년~2023년 5월 전국 미분양 추이

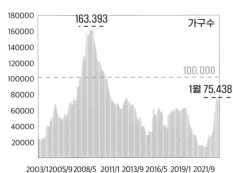

<출처: 아실>

다음 그림은 서울의 20년간 미분양 추이다. 서울의 미분양은 3,000호가 중요한 기준이 되는데 미분양 최고 기록은 2013년 9월의 4,331호다. 2023년 2월 2,099호로 늘어났다가 5월 1,144호로 줄어들었다. 우려할 단계는 아니며 전국의 미분양 물량과 비교하면 상당히 안정권이라 할 수 있다. 하지만 2021년 12월 54호에서 1년 4개월 만에 1,058호로 증가한 추이를 고려하면 예의주시할 필요는 있다. 긍정적인 부분은 2023년 1월 이후 서울과 지방 간 양극화가 심해지면서 서울로 수요가 유입

앞으로 3년, 무조건 올라가는 곳 알려드립니다

되고 있고 중도금대출 허용, 실거주 요건 폐지, 무순위 청약 규제 완화 등에 힘입어 당분간 서울 미분양 증가세는 지방과 달리 둔화할 가능성이 크다.

<그림2-2-2> **2023년~2023년 5월 서울 미분양 추이**

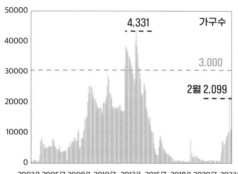

<출처: 아실>

　　서울을 비롯해 경기도, 인천을 포함한 수도권 지역은 미분양 3만 호 정도가 위험 수준이다. 서울은 앞에서 살펴보았고 경기는 2만 4,000호, 인천은 5,000호가 기준이다. 경기도는 2023년 1월 8,052호로 급증한 후 5월 6,958호로 소폭 줄어들었고 아직 위험한 단계는 아니다. 하지만 2021년 12월 1,030호에서 1년 만에 7배가 증가한 것을 고려하면 향후 부동산시장 분위기에 따라 다시 늘어날 가능성도 배제할 수 없다. 참고로 경기도의 최다 미분양 기록은 2013년 10월의 28,399호다.

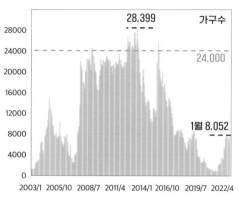

<출처: 아실>

인천의 미분양은 2023년 3월 3,565호로 급증했다가 5월 2,697호로 소폭 안정을 찾고 있는 단계이다. 하지만 수도권에서 걱정되는 지역이기도 한 만큼 향후 미분양 흐름을 주의 깊게 지켜볼 필요가 있겠다. 참고로 인천은 2014년 1월 7,267호가 가장 높은 미분양 물량이었다.

〈그림2-2-4〉 2002년~2023년 5월 인천 미분양 추이

<출처: 아실>

앞으로 3년, 무조건 올라가는 곳 알려드립니다

부동산시장 침체가 계속 이어지면 기다리다 지친 매도자들이 시장에 매물을 내던지게 된다. 이런 패닉 셀 현상이 집값 바닥의 가장 강력한 시그널이다.

부동산 가치를 평가하는 방법은 토지 가치와 건물 가치를 합산하여 평가하는 원가법, 임대료를 매맷값으로 환산하여 계산하는 수익환원법, 인근 거래사례로 평가하는 거래사례비교법 이렇게 3가지가 있다. 원가법은 꼬마빌딩, 수익환원법은 상가, 거래사례비교법은 아파트 가치평가에 주로 활용한다.

이중 가장 과학적인 방법은 원가법과 수익환원법으로 정확한 계산을 통해 가치를 판단할 수 있다. 반대로 가장 비과학적인 방법은 거래사례비교법이다. 왜냐면 아파트는 매수자와 매도자 간 심리가 맞아떨어져야 거래가 되며, 이렇게 거래가 된 가격을 기준으로 인근 비슷한 조건의 아파트 가격이 정해지기 때문이다. 그래서 아파트는 심리라고 말한다.

여러 부동산 중 유독 아파트가 심리에 민감한 탄력성을 보인다. 집값이 오를 때는 집주인조차 이렇게 올라도 되나 너무 오른다는 생각이 들 정도로 계속 오르지만, 내릴 때는 바닥인 줄 알았는데 지하실이 있다고 할 정도로 계속 떨어진다. 멈추어야 할 때 멈추지 않고 계속 오르고, 올라야 할 때 오르지 않고 오히려 내려가는 것이 아파트 시장이다.

2020년~2021년 부동산시장이 마지막 불꽃을 태울 때 등장했던 모습이 패닉 바잉(Panic Buying)이다. 집값이 더 오른다는 불안감에 이성적인 판단을 하지 않고 아파트를 샀다. 아파트를 살 수 없으면 오피스텔이나 생활형 숙박시설도 마다하지 않고 들어갔다. 부동산시장 고점, 꼭지의 시그널 중 하나가 패닉 바잉이라면 부동산시장 저점, 바닥의 시그널 중 가장 강력한 시그널은 패닉 셀(Panic Selling)이다. 패닉 바잉이 집을 사려는 매수인들의 심리가 공황 상태가 되어 비이성적으로 집을 사는 현상이라면, 패닉 셀은 집을 팔려는 매도인들의 심리가 공황 상태가 되어 비이성적으로 집을 파는 투매 현상이다.

2011년~2013년에 바로 이 패닉 셀 현상이 발생했다. 2008년~2009년 글로벌 금융위기의 충격파를 맞고 1차 하락 후 규제 완화에 따라 등락을 거듭하던 부동산시장은 2011년 변곡점을 맞이한다. 당시 정부는 DIT(총부채상환비용)[3] 대출의 규제와 완화를 한시적으로 반복했다. 2011년 한시적 완화 종료를 앞두고 시장은 당연히 연장해주는 분위기였다. 하지만 연장하지 않고 DTI를 부활시키자 실망한 사람들이 더는 버티지 못하겠다며 매도로 돌아섰다. 상대 공급인 매물은 늘어난 반면, 매수심리는 급격히 위축되면서 상대 수요까지 감소하자 서울 아파트 가격이 폭락하였다. 2010년 10억 원이 넘던 개포주공1단지(현, 디에이치퍼스

---

3) DTI는 연간소득에서 대출금에 대한 원리금(원금 및 이자) 상환액과 기타 부채의 이자 상환액을 모두 합한 금액이 차지하는 비율을 말한다. 즉, 채무자의 소득과 상환능력을 고려한 방식이다.

　　　　　　　　　　　앞으로 3년, 무조건 올라가는 곳 알려드립니다

티어아이파크) 아파트 가격이 2011년 8억2,000만 원까지 떨어졌다. 이와 비슷한 상황인 2022년에는 5억7,000만 원까지 폭락했다. 패닉 셀 현상이 발생한 것이다.

　집주인들은 아우성을 쳤지만 집을 사려는 매수자들이 나서지 않으면서 서울 부동산시장은 아우성이었다. 아이러니하게도 팔고 싶어도 도저히 팔리지 않아 전세로 돌렸는데 2013년부터 5년간 양도세 면제와 취득세 영구인하 등 강력한 규제 완화 대책이 나오면서 거래량이 늘어났고 바닥을 치면서 반등하였다.

　아래 그림은 서울의 매수심리 지수 추이 그래프이다. 매수심리가 20 이하로 떨어지고 6개월이 지나도 회복하지 못하면, 10 이하로 떨어지면서 패닉 셀이 발생하는 것을 알 수 있다. 참고로 매수심리지수는 100을 기준으로 위에 형성되어 있으면 매수심리가 우위며, 아래면 매도심리가 우위라고 해석할 수 있다. 아래의 그래프를 보면 위에서 설명한 2011년의 패닉 셀 사례를 확인할 수 있다.

<그림2-3-1> 2011년 패닉 셀 사례

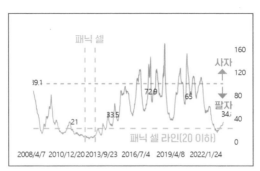

<출처: 아실>

다음 그림은 2021년 1월부터 2023년 1월까지 서울의 매수심리 지수 그래프이다.

<그림2-3-2> 2021년~2023년 1월 서울 매수심리 그래프

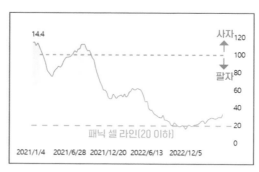

<출처: 아실>

2021년 10월 100 아래로 내려온 후 계속 하락하다가 2022년 상반기에 잠시 반등했다. 6월부터 하락 폭이 가팔라지더니 2022년 10월 패닉 셀 라인인 20 아래까지 떨어졌다. 다행히 3개월 만인 2023년 1월 심리 지수가 패닉 셀 라인 위로 올라와서 큰 고비는 넘겼다. 만약 정부의 규제 완화가 몇 달 더 늦었더라면 심리 지수가 과도하게 낮게 유지되면서 예상보다 빨리 패닉 셀이 발생했을 수도 있었던 위험한 상황이었다.

이렇듯 패닉 셀은 부동산시장의 저점, 바닥을 나타내는 가장 강력한 시그널이다. 패닉 셀이 나오지 않았다면 아직 부동산시장이 제대로 된 바닥을 지나가지 않았다는 의미로 해석해도 좋다. 하지만 부동산에 투자할 때는 불안하고 초조할 필요 없다. 우리는 너무 급하다. 빠르게

앞으로 3년, 무조건 올라가는 곳 알려드립니다

답을 찾으려고 하니 답답하고 못 견딜 것 같은 두려움을 느끼는 것이다. 많이 오래 올랐으면 좀 쉬어 가는 것이 정상 아닐까? 새벽이 지나야 해가 뜨고, 내리막길을 내려와 산골짜기를 지나야 다음 정상으로 올라갈 수 있다. 마찬가지로 부동산도 바닥을 지나가야 다음 상승장으로 진입할 수 있다. 만약 바닥의 시그널이 나온다면 공포에 떨기보다 다행이라 생각해야 한다. 이것 또한 지나갈 것이고 내일은 내일의 태양이 뜰 테니까 정부가 규제를 풀더라도 마지막까지 남겨둔 카드가 있다. 바로 강남 조정대상지역과 DSR(총부채원리금상환비율)[4] 규제다. 마지막에 풀리는 규제인 강남 조정대상지역 해제와 DSR 완화는 바닥을 알리는 중요한 신호다.

1) 강남 조정대상지역 언제 해제되나?

1부 9장에서 배웠듯이 부동산 규제는 시장의 흐름에 따라 탄력적으로 시행된다. 집값이 적정선 이상으로 과열되면 규제를 강화하고, 침체하면 규제를 풀어준다. 하지만 규제를 묶고 푸는데도 미세한 조정이 필요하다. 1부 2장 저수지 이론에서 보았듯이 집값이 오를 때는 중심지가 먼저 오르기 때문에 규제도 먼저 적용된다. 반면 집값이 내려갈 때는 외곽부터 떨어지기 때문에 외곽지역부터 규제를 풀어주며 중심지역은 가장 마지막에 푼다.

대한민국의 행정, 경제, 문화의 중심인 서울에서도 최상위 포식자 자리를 차지하고 있는 강남구, 서초구 등 이른바 강남지역은 부동산시장의 핵심이다. 위에서 본 것처럼 강남은 부동산시장이 불황기를 벗어

---

4) DSR은 연간소득에서 대출금에 대한 원리금(원금 및 이자) 상환액과 기타 부채의 원리금 상환액을 모두 합한 금액이 차지하는 비율을 말한다. 기타 부채에서 원리금을 상환하는 만큼 DTI보다 대출받을 수 있는 금액이 적다.

나 회복기로 진입하면 가장 먼저 상승하고, 상승기를 지나 침체기로 진입하면 가장 늦게 하락한다. 지금처럼 집값이 하락해서 투기과열지구, 조정대상지역 등 규제지역이 해제되는 경우 가장 늦게, 가장 마지막에 풀리는 지역을 예의주시하면 바닥 시그널을 확인할 수 있다.

또 하나 알아야 할 것은 규제지역도 종류에 따라 푸는 순서가 다르다. 규제지역에는 투기지역, 투기과열지구, 조정대상지역 세 가지가 있는데 상황에 따라 모든 규제지역이 동시에 풀릴 수도 있고, 투기지역부터 투기과열지구, 조정대상지역 순서로 풀 수도 있다. 결국 가장 마지막에 풀리는 강남, 그중에서도 강남의 조정대상지역이 언제 풀리느냐가 매우 중요하다. 정부로서는 실수요층이 두꺼운 강남의 집값이 오르면 전체 부동산시장에 풍선효과가 생기는 만큼 강남의 규제만큼은 풀어주고 싶지 않을 것이다. 그런데도 강남을 다 풀어준다면 그만큼 부동산시장이 매우 어렵다는 것을 보여준다.

2022년의 가파른 금리 인상으로 집값이 내려가자 정부는 2022년 6월 30일 경산, 여수, 순천 등 11개 지역 조정대상지역을 해제하면서 규제지역 해제의 신호탄을 쏘았다. 이후 2023년 1월 3일 강남3구(서초, 강남, 송파)와 용산구를 제외하고 모든 규제지역이 해제되었다. 상당히 신속한 행보였지만 끝내 강남의 규제는 풀지 않았다. 아직 최악의 바닥 상황은 아니라고 판단한 것이다. 다시 시계를 돌려 2008년~2009년 글로벌 금융위기 이후 부동산 냉각기로 돌아가 보자.

글로벌 금융위기로 부동산시장이 출렁거리자 정부는 2009년 강남

외 모든 투기지역, 투기과열지구를 해제했다. 당시 조정대상지역은 없었고 투기지역, 투기과열지구만 있었기 때문에 사실상 강남을 제외한 모든 지역의 규제가 사라진 것이다. 그 후 2년이 지난 2011년에야 강남은 투기지역, 투기과열지구에서 해제되었다. 2023년 1월 3일 대책에서 강남3구와 용산구를 제외하고 모든 규제지역이 풀렸지만, 중요한 것은 강남 조정대상지역을 푸는 시점이다. 집값 하락이 다시 가팔라져서 정부가 '큰일이다, 규제를 더 유지하면 안 되겠다'는 판단을 할 때 강남 조정대상지역을 해제할 것이다. 과거에도 다른 지역과 비교해서 2년의 차이가 있던 만큼 강남 조정대상지역 해제는 생각보다 빨리 풀리지 않을 수 있다.

2) 대출 규제 DSR 언제 풀리나?

강남 규제지역 해제와 더불어 정부가 마지막까지 아끼는 카드가 바로 대출 규제다. '이미 대출 규제는 풀어준 것 아닌가'라고 반문할 수 있지만, 사실 정부는 대출 규제를 제대로 풀어주지 않았다. LTV와 DTI는 규제지역 해제 시 자동으로 완화되기도 하고 2주택자 대출 제한 등도 풀었지만, DSR 카드는 특례보금자리나 전세퇴거자금대출 등 예외적인 일부 경우가 아니면 정부가 아직 꼭 쥐고 절대 풀어주지 않고 있다. 위에서도 설명한 것처럼 DSR은 정부가 쉽게 풀어주고 싶지 않은 마지막 카드 중 하나다.

참고로 LTV는 주택의 가치를 담보로 대출받을 때의 한도를 의미한다. 가령 집의 가치가 10억 원이고 LTV가 50%면 5억 원까지 대출을 받을 수 있다. DSR은 소득과 연동한 상환능력에 비례해서 대출한도가 결정된다. 연간소득이 1억 원일 때 DSR가 40%면 모든 대출의 연간 총 원리금 상환액은 4,000만 원 이내여야 한다. 기타대출 연간 원금만 적용하는 DTI와 달리 DSR은 주택담보대출 연간 원리금(원금+이자) 상환액에다 다른 대출도 연간 원리금(원금+이자) 상환액을 적용한다. 대출은 구매능력을 결정하는 중요한 요소로 대출 규제를 강화하면 구매능력이 떨어져 주택 수요감소 효과가 발생한다.

과거 2008년~2012년으로 돌아가 보자. 당시 정부는 다른 규제들은 서서히 풀었지만, 대출 규제의 핵심인 DTI 규제(당시에 DSR는 없음)는 한시적으로 규제와 해제를 반복하며 부동산시장을 조절했다.

2008년 6월 11일 LTV 완화 〉 2009년 7월 6일 투기지역 제외 수도권 전역 LTV 강화 〉 2009년 9월 4일 DTI 완화 〉 2009년 10월 8일 DTI강화 〉 2010년 8월 29일 실수요자 DTI 한시적 자율화 〉 2011년 3월 22일 DTI 강화

2012년에 서울의 집값 하락을 촉발한 계기가 바로 앞에서 말한 2011년 3월의 DTI 강화였다. 조금 더 자세히 풀어볼까. 2010년 8월의 DTI 한시적 자율화로 부동산 거래가 조금 늘어나면서 시장에서는 희망의 불씨를 키우고 있었다. 2011년 3월이 다가올 때 부동산시장에서는 한시적 자율화를 연장하리라는 예측이 지배적이었다. 필자도 당시 전화 온 기자한테 "연장해주지 않겠어요? 연장해주지 않으면 심리가 실망으로 돌아서면서 다시 하락으로 전환되어 침체가 깊어질 수 있는

데"라고 말을 했는데 그 말이 씨가 되었다. 시장의 기대와 반대로 정부는 자율화를 폐지하고 다시 DTI 강화로 돌아섰다. 2008년부터 2011년까지 올랐다가 내렸다가 반복하면서 희망 회로를 돌리던 미련의 끈이 끊어지면서 집값 폭락으로 이어졌다.

결국 집값이 더 떨어지면, 정부는 믿는 구석인 DSR을 풀 수밖에 없을 것이다. 한꺼번에 풀기보다 조금씩 비율을 조정하거나 한시적으로 기간을 정하고 풀어줄 가능성이 크다. 우리는 DSR 규제가 언제 풀리는지, 풀리더라도 전면적으로 풀리는지, 예의주시하면서 바닥의 시그널을 포착해야 한다. 참고로 투기과열지구, 조정대상지역 지정 시 적용되는 규제와 해제되어 비 규제지역이 될 때 적용되는 규제는 다음과 같은 내용이다.

규제지역 규제내용, 2023년 3.25 기준

구분		투기과열지구	조정대상지역	비규제지역
청약	1순위 자격	가입 24개월 이상 해당지역 거주자 우선 공급		수도권 12개월 지방 6개월
	1순위 제한	무주택 세대주 1주택 처분의무 폐지		세대원, 다주택자 가능
	가점 제 비율	60㎡이하 40% 60㎡~85㎡ 70% 85㎡ 초과 80%	60㎡이하 40% 60㎡~85㎡ 70% 85㎡ 초과 50%	85㎡이하 40% 85㎡초과 추첨 100%
	과거당첨이력	세대 전원 5년내 당첨 사실 없어야 가능		-
	재 당첨 제한	투기과열지구 10년, 조정대상지역 7년 (단, 투기과열지구, 청약과열지역 외 민영주택은 청약 가능)		-
	오피스텔	지역 거주자 우선분양 (~20%)		-
전매제한	수도권	공공택지 및 규제지역 3년 / 과밀억제권역 1년 / 그 외 6개월		
	비수도권	공공택지 및 규제지역 1년 / 광역시(도시지역) 6개월 / 그 외 폐지		
	오피스텔	100실 이상 소유권이전등기일까지		-
대출	중도금 대출	보증 건수 세대당 1건(분양가 제한 無, 보증한도 제한 無, 전입 의무 폐지)		보증 건수 세대당 2건 (좌동)
	LTV	무주택, 1주택 50%, 다주택 30% 서민 실수요자 9억 원 이하 70%	무주택, 1주택 50%, 다주택 30% 서민 실수요자 8억 원 이하 70%	무주택, 1주택자 (처분조건) 70% 1주택 이상 60%, 최대 6억 원
	DTI	40% (서민 실수요 60%)	50% (서민 실수요 60%)	60% (1주택 이상 50%)
	서민실수요	부부 합산 연 소득 9천만 원 이하, 무주택 세대주 LTV 최대 70% (주택가액 투과9억 / 조정 8억) 한도 폐지 (현 6억 원→LTV, DSR내 허용)		-
	생애최초	LTV 80%, 최대 6억 원(지역, 소득 기준, 주택 시세 무관)		
	주택담보대출	기존주택 처분 의무 폐지 / 신규주택 전입 의무 폐지 다주택자 주담대 허용 (LTV 30%) 생활안정자금 한도 폐지 (LTV, DSR내 허용) 임차보증금 반환목적 주담대 각종 제한 일괄 폐지 (LTV, DSR내 허용)		기존주택 처분서약 없음 다주택자 LTV 60% (기타 좌동)
	전세대출 보증	제외: 부부합산 소득 1억 원 초과 및 시가 9억 원 초과 1주택자 (폐지예정)		
대출	취득세	취득세 1,2주택 1~3% / 3주택 6% / 법인, 4주택이상 6% (생애최초는 소득, 주택가격 무관 감면 200만 원인 한도)		좌동 (3주택만 4%)
	종부세	기본공제(공시가): 1,2주택 12억 원/ 다주택 9억 원/ 부부공동 1주택 18억 원		
	양도세	2주택자+20% / 3주택자 +30% (24년5월까지 한시적 중과 유예) 분양권, 주택, 입주권: 1년 미만 45%, 1년 이상 폐지		6%~45% 기본세율 좌동
	양도세 비과세	2년 보유 + 2년 실거주		2년 보유 (실거주 의무 없음)
	일시적 2주택 비과세 요건	종전 주택 처분기한 3년 (세대 전원 전입 요건 폐지) 종전 주택 취득 후 1년이 지난 후에 신규 주택을 취득해야 효력 발생		
	장특공제	다주택자 미적용		다주택자6%~39% 공제 가능
자금조달 및 입주계획서		제출+증빙자료 제출	제출	6억 이상만 제출
기타 공통		무순위(줍줍) 청약에 유주택자 허용 / 분상제로 인한 실거주 의무 폐지 / 모든 주택에 특공 허용 분상제 해제 (강남, 서초, 송파, 용산 제외)		
규제지역 해제 시		양도세: 비과세 요건은 매매계약일 기준(소급 적용X) / 분양권은 잔금일 기준 / 양도세 중과 여부는 매도 시점 기준 분양권 취득세: 세율은 잔금일 기준 적용 / 주택 수 산정은 분양권 당첨일 기준 분양권 재당첨제한은 당초대로 유지		

정부가 마지막까지 아끼다가 내놓는 카드가 5년간 양도세 면제, 양도세 특례다.

양도세 특례는 바닥을 지나가고 있다는 가장 강력한 시그널이다.

정부가 장롱 깊숙이 숨겨둔 가장 아끼는 마지막 카드는 바로 양도세 특례다. 정확하게는 조세특례제한법(조특법) 99조의 2의 내용으로 한시적 기간 내 9억 원 이하 신규 또는 미분양주택을 구매하거나, 1세대 1주택자가 보유한 9억 원 또는 85㎡ 이하 주택을 구매하는 경우 5년간 양도소득세를 면제해주는 정책이다. 양도세 특례 카드가 나오면 더는 정부가 내놓을 규제 완화 카드가 없다는 의미, 즉, 바닥을 지나가고 있다는 시그널로 해석해도 좋다.

양도세 특례가 강력한 이유는 정해진 기간까지 조건에 맞는 주택을 구매하는 경우 취득 시점부터 5년 동안 발생하는 양도차익에 대하여 양도세가 면제되고, 5년이 지나도 그 이후부터 발생한 양도차익에만 양도세를 내면 되기 때문이다. 또 기존주택을 양도하는 경우 특례로 구매한 주택은 주택 수에서 제외되어서 기존주택을 1세대1주택 비과세로 양도할 수 있다. 물론 9억 원까지 비과세 처리가 가능하다. 이 정책은 IMF 외환위기 때 나왔고 박근혜 정부 시절 2013년 4월 1일 서민 주거안정을 위한 주택시장 정상화 종합대책에서도 등장했다. 특히 2013년에는 양도세 특례뿐만 아니라 취득세 영구인하, LTV·DTI 70% 완화, 재건축 허용 연한 40년에서 30년으로 단축, 분양가상한제 탄력적용으로 사실상 무력화, 재건축 초과이익환수 3년 유예연장 등의 파격적인 규제 완화 덕분에 거래량이 늘어나면서 바닥을 이겨낼 수 있었다. 물론 과도한 완화로 2015년~2021년 집값 폭등의 단서를 제공했다는 비판의 목소리도 있다.

<그림 2-5-1> 2013년 발표한 양도세 특례 보도자료 내용

나. 주택구입자에 대한 지원 강화

□ 연말까지 주택 구입시 양도세 한시 감면 (조세특례제한법 개정)
  (국회 상임위 통과일로부터 연말까지 한시적용)

ㅇ (대상주택) 금년말까지 매매계약을 체결하고 계약금을 지급한 주택

· 9억이하 신규·미분양주택 및 1세대 1주택자(일시적 2주택자 포함)가 보유한 85㎡·9억 이하 기존주택을 구입하는 경우

ㅇ (감면내용) 취득후 5년간의 양도소득 세액 전액 면제

· 5년이후 양도시 취득일로부터 5년간 발생한 양도소득금액은 과세대상에서 공제

ㅇ (특례) 종전 보유주택 양도시 신규 구입주택은 주택수 산정에서 제외

· 1세대 1주택 비과세요건을 충족하는 경우 양도가액 9억원까지 비과세

<출처: 국토교통부>

부동산 투자 시 가장 부담스럽고 아까운 세금이 양도소득세다. 1세대1주택 비과세와 장기보유특별공제 대상이 아니라면 5억 원의 시세차익을 얻어도 내 주머니에 들어오는 돈은 3억 5,000만 원 정도이고

양도세 중과 대상이 되면 절반도 받기 어렵다. 그런데 5년 동안 발생한 시세차익을 면제해주고 주택 수 산정에서도 빼 준다고 하니 이보다 강력한 혜택이 어디 있겠는가? 5억 원에 사서 10억 원이 되어도 양도세를 내지 않으며 5년이 지나 1억 원이 더 오르면 추가 상승분 1억 원에 대한 양도세 2,000만 원 정도만 더 내면 된다. 1주택 보유자가 양도세 특례 기간 중 특례대상주택을 구매하는 경우 특례대상주택은 투명인간처럼 있어도 없는 것처럼 기존에 보유하던 주택을 양도세 비과세까지 받을 수 있으니 이보다 더 좋은 혜택은 없다.

양도세 특례 기간 안에 특례대상주택을 구매했다고 무조건 세제 혜택을 받는 것은 아니다. 반드시 계약서에 관할 지자체장의 확인도장을 받아야 한다. 분양계약서나 매매계약서에 확인도장이 없으면 설사 본인이 구매한 주택이 특례대상이라도 세제 혜택을 받을 수 없는 만큼 반드시 확인하자. 1등에 당첨된 복권을 잃어버린 것처럼 억울한 일이 없듯이, 양도세 특례 대상인 줄만 알았다가 확인도장이 없어서 굳이 안 내도 되는 양도세를 내는 것만큼 억울한 일이 없으니까.

<그림 2-5-2> **양도세 특례 확인도장**

<출처: 네이버>

06

내가 팔면 오르고
내가 사면 내리는 이유

왜 내가 팔면 오르고 내가 사면 내릴까?

계단식 상승과 벌집순환모형을 통해 부동산시장의 순환에 대하여 알아보자.

지금까지 바닥을 알 방법을 알아보았지만, 언제 매매해야 하는지 타이밍을 잡는 것은 또 다른 문제다. "내가 팔면 오르고, 내가 사면 내린다!" 이렇게 말하는 사람이 얼마나 많은가. 아파트 가격은 장기적으로는 인플레이션에 따른 화폐 가치의 하락만큼 또는 그 이상 우상향한다. 하지만 매년 규칙적인 흐름으로 오르는 것이 아니라, 아래 그림에서 보듯이 가격 흐름부터 금리, 부동산 정책, 국내외 경제, 공급, 심리 같은 다양한 이유에 따라 불규칙한 계단식 흐름으로 상승한다. 오를 때는 한꺼번에 몇 년 치 상승분이 반영되기도 하고, 오르지 않을 때는 몇 년 동안 안 오르거나 오히려 떨어지기도 한다.

<그림2-6-1> 계단식 상승을 하는 부동산

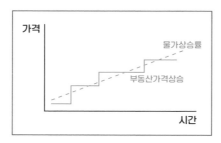

아파트 가격이 오를 때는 침체기 동안 모인 에너지가 집값을 밀어 올리면서 상승하기 때문에 오르는 시점에 잘 투자하면 큰 수익을 낼 수 있다. 하지만 고점에 상투를 잡으면 몇 년 동안 마음고생을 할 수도 있다. 살 때도 팔 때도 타이밍이 중요한 이유다. 부동산시장의 거래량과 가격의 변동을 육각형 모형으로 정리한 벌집순환모형이론을 통해 부동산시장의 순환구조를 이해해보자. 벌집순환모형은 아래 그림처럼 회복진입기 -> 회복기 -> 상승기 -> 침체진입기 -> 침체기 -> 불황기 -> 회복진입기라는 흐름을 반복하면서 순환한다. 물론 상승 기간과 폭이 하락 기간보다 더 길고 더 높다.

앞으로 3년, 무조건 올라가는 곳 알려드립니다

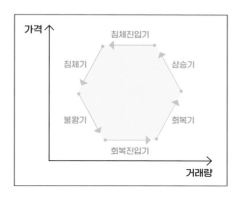

① 회복진입기

회복진입기는 가격하락이 멈추면서 거래량이 소폭 늘어나는 단계다. 부동산 거래 활성화를 위한 매우 강력한 규제 완화가 나오고 집값 회복에 대한 기대감과 투자심리가 서서히 회복하면서 거래량은 늘어난다. 하지만 매도 매물도 같이 늘어나면서 가격은 보합세를 유지한다.

② 회복기

회복기는 거래량과 가격이 같이 오르는 단계다. 침체기와 불황기에 줄어든 분양물량 영향으로 입주 물량은 줄어든 반면 투자심리는 살아나면서 거래와 가격이 모두 상승한다.

③ 상승기

상승기는 거래량은 다소 줄어들면서 가격은 더 오르는 단계다. 집 값이 더 오를 것 같다는 기대와 불안감이 확산하며 매수자들은 더 기다리지 못하고 매수로 돌아선 반면, 집주인들은 누적되는 부동산 규제로 매물을 잠그면서 거래는 줄어들지만 가격은 더 오른다.

④ 침체진입기

침체진입기는 거래량이 더 줄어들지만 가격은 내려가지 않고 보합세를 유지하는 단계다. 과도한 상승에 대한 피로감과 규제가 누적되면서 집값 상승에 대한 기대감이 많이 약해진 상황이지만 여전히 반등에 대한 기대감도 남아있어서 하락보다는 보합이 유지된다.

⑤ 침체기

침체기는 거래량과 가격 모두 감소하는 단계다. 매수자들은 추가 하락을 기대하면서 매수보다 관망으로 돌아선 반면, 매도자들은 급매물을 내놓기 시작하면서 집값이 하락한다.

⑥ 불황기

불황기는 거래량은 소폭 늘어나지만 가격은 더 내려가는 단계다. 집값 하락을 기정사실로 받아들이면서 매수자들은 극단적인 급매물이 아니면 쳐다보지 않고, 매도자들은 버티다가 지쳐 가격을 더 떨어뜨리면서 급매물 위주로 거래가 되지만 집값은 더 내려간다. 불황기가 지나면 다시 회복진입기로 진입한다.

아래 그림은 2012년부터 2022년까지 주택거래량 그래프에 맞춰 벌집순환모형이론의 단계별 상황을 알려주고 있다. 서울 집값이 뚝뚝 떨어졌던 2012년~2013년은 불황기, 규제 완화로 거래와 가격이 소폭 회복했던 2014년~2015년은 회복진입기, 본격 상승을 하면서 거래량도 크게 늘어났던 2016년~2018년은 회복기, 거래는 소폭 줄어들면서도 가격은 더 올랐던 2019년~2021년은 상승기, 거래량이 급감하면서 가격상승도 멈춘 2022년부터 침체진입기를 지나 침체기로 진입하였다.

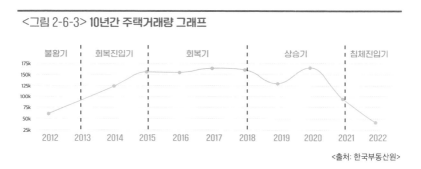

<그림 2-6-3> 10년간 주택거래량 그래프

<출처: 한국부동산원>

아래 그림은 2020년~2023년 4월까지 서울의 아파트 거래량을 벌집순환모형이론에 대입한 것이다. 2020년~2021년 9월까지는 상승기, 2021년 10월부터 2022년 9월까지 침체진입기, 2022년 10월부터 침체기에 진입한 것을 볼 수 있다.

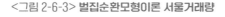

<그림 2-6-3> 벌집순환모형이론 서울거래량

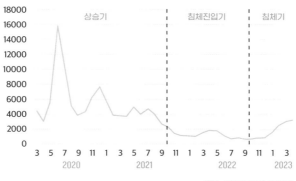

<출처: 서울시부동산정보광장>

이렇게 돌고 도는 부동산순환 흐름을 알면서도 막상 내가 당사자가 되고 그 상황 속에 빠지면 불안한 마음에 같은 실수를 반복하는 것이 우리들의 모습이다. 부동산은 기다리고 버틸 수 있는 사람에게 기회가 온다. 집을 팔려는 매도자도, 집을 사려는 매수자도 순환구조를 알고 때를 기다리면 반드시 최선의 타이밍은 온다.

07 타이밍은 과학이다

지금 집값이 고평가일까? 저평가일까?

정확한 통계지표를 이용하여 과학적인 타이밍 잡기에 도전해보자.

아파트 투자를 위해 바닥 시그널과 벌집순환모형이론으로 매매 타이밍을 잡는 방법을 알아보았다. 하지만 여전히 무엇인가 부족함을 느낀다면 집값의 고평가, 저평가를 판단할 수 있는 각종 통계지표를 통해 더 과학적인 타이밍 잡기에 도전해보자.

1) PIR(소득 대비 주택가격 비율)

집값의 고평가와 저평가를 판단하는 가장 범용적인 지표는 PIR(Price to Income Ratio)이다. PIR은 가구소득 대비 주택가격 비율로, 연평균 소득을 반영한 특정 지역 또는 국가 평균수준의 주택을 구매하는 데 걸리는 시간을 의미한다. 예를 들어 PIR이 10이면, 10년 동안 소득을 전혀 쓰지 않고 모아야 집 한 채를 살 수 있다는 것이다. 소득증가는 제한적인 만큼 PIR이 높아지면 집값이 올라 집을 사기 힘들어졌다는 의미로 받아들일 수 있다.

아래 그림은 주택금융통계시스템에서 제공하는 연도별 전국과 서울 PIR 추이 그래프다. 상승곡선을 그리고 있지만 2008년~2009년 글로벌 금융위기와 2014년~2015년 침체, 2019년 일시적 조정이 도표 중간에 하락으로 나타나고 있다. 서울의 PIR은 2015년 6.6년에서 2021년 8.7 수준으로 상승했다. 집을 사는 데 걸리는 시간이 6년여에서 8년 이상으로 늘어났다는 것이다. 실제로 같은 기간 집값은 1.6배 정도 상승했다.

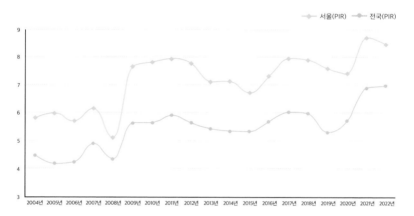

<그림2-7-1> 서울과 전국의 PIR 추이

<출처: 주택금융통계시스템>

다음 그림 역시 PIR의 추이인데 이번에는 KB부동산의 통계정보다. 2013년 7.5에서 2022년 14.8까지 2배 가까이 상승했다. 이 두 그래프의 차이를 통해 주의해야 할 점을 알 수 있다. PIR은 조사기관과 표본 특성에 따라 다를 수 있다는 것이다. 또 본인의 소득을 전부 모아서 집을 산다는 가정도 현실성이 떨어지고, 소득과 아파트 가격을 특정하여

앞으로 3년, 무조건 올라가는 곳 알려드립니다

통계로 사용하기도 쉽지 않아 PIR은 단순 참고 정도로만 사용하면 좋겠다. 국가나 도시별 소득 대비 집값을 비교한 자료도 많아서 국가별로 비교 분석하면 우리나라와 서울의 집값이 얼마나 고평가됐는지 판단하는 데 도움이 된다.

<그림2-7-2> 서울 PIR 추이

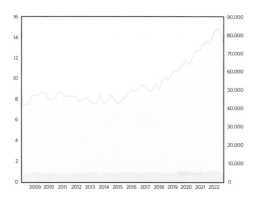

<출처: KB부동산>

2) K-HAI(주택구입부담지수)

PIR은 집값 추이를 유추할 때는 도움이 되지만 소득과 집값 표본에 따라 편차가 커서 집값의 고평가를 판단하기에는 다소 아쉬운 점이 있다. 이번에는 PIR의 아쉬움을 메꿀 수 있는 K-HAI(Korea-Housing Affordability Index)를 알아보자. K-HAI는 중위소득 가구가 표준대출로 중간가격 주택을 살 때 대출 상환 부담을 나타내는 지수로 지수의 수치가 높을수록 주택 구입 부담이 커지는 것을 의미한다. 기준선인 100은 주택담보대출의 원리금을 상환할 때 적절한 부담금인 가구소득의 25%를 냈다는 가정이다. 예를 들어, K-HAI가 200이면 서울의 중간소득 가구가 서울지역 중간가격의 주택을 구매할 때 적정 부담액(소득의 25%)의 200%를 주택구입담보대출 원리금 상환으로 부담한다는 의미다. 대출 원리금(원금+이자) 상환 부담이 늘어난다는 것은 그만큼 집값이 많이 올랐다는 간접증거이기 때문이다.

아래 그림은 2004년에서 2022년까지 K-HAI를 나타낸 것으로 우리가 알고 있는 부동산시장 분위기 및 집값 흐름과 거의 일치한다. 문재인 정부 출범 시점인 2017년 이후 26번의 부동산대책을 발표하고도 가파르게 올라가는 집값을 잡지 못했던 아픈 현실이 K-HAI 그래프에 고스란히 담겨있다.

\<그림2-7-3\> 서울 K-HAI 연도별 추이

\<출처: 주택금융통계시스템\>

앞으로 3년, 무조건 올라가는 곳 알려드립니다

3) Z-SCORE

Z-SCORE는 앞서 확인한 PIR, K-HAI보다 더 종합적으로 집값을 나타낸 지수다. 한국은행에서 IMF가 사용하는 Z-SCORE 모형을 차용해 PIR, PRR(연간 임대료 대비 주택가격 비율), 대출금리 지표를 변수로 넣고 표준화한 후 평균값으로 산출한 지수다. 0에 가까우면 장기평균에 가깝고, 0보다 클수록 고평가, 0보다 작을수록 저평가라 할 수 있다. PIR, PRR이 높을수록 Z-SCORE가 올라가고, 대출금리가 올라가면 Z-SCORE는 떨어진다.

아래 그림은 2012년에서 2022년까지 분기 별 PIR, PRR, 주택담보대출금리를 표준화한 후 평균값으로 산출한 Z-SCORE 그래프로 집값 흐름 추이와 비슷함을 알 수 있다.

<그림2-7-4> 2012년~2022년 Z-SCORE

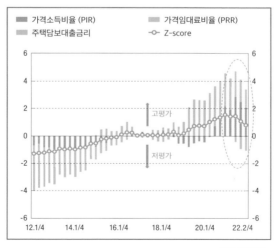

<출처: 한국은행>

08 금리를 보는 3가지 포인트

집값 하락, 전셋값 하락, 경기침체 등 모든 문제는 금리 인상에서 시작했다.
금리 불확실성을 판단하는 기준에는 3가지 관전 포인트가 있다.

1부 3장에서 다뤘듯이 가파른 금리 인상이 기폭제가 되어 매맷값 뿐만 아니라 전셋값까지 크게 떨어지면서 더 큰 충격을 맞이해야 했다. 지역과 단지별로 차이는 있지만, 기본 고점 대비 30% 정도 하락했다. 금리 인상 쇼크라 해도 과언이 아니다. 집값 하락부터 전셋값 하락, 역전세, 깡통 전세, 전세 사기, 미분양 증가, 건설 경기 위축, 내수경제 침체, PF대출 부실 등 현재 우리나라 경제에 발생하는 이 모든 문제의 원인은 금리다. 금리 불확실성이 제거되어야 이 모든 문제를 해결할 수 있다.

금리 불확실성을 판단하는 기준에는 기준금리가 언제까지 오를 것인가, 기준금리 인상이 멈춘 후 인하까지 금리의 고점이 얼마나 유지될 것인가, 기준금리 인하가 시작되면 얼마나 빨리 떨어질 것인가, 이렇게 3가지 관전 포인트가 있다.

앞으로 3년, 무조건 올라가는 곳 알려드립니다

1) 기준금리 언제까지 오를 것인가?

2023년 2월 한국은행 금통위에서 3.5% 기준금리를 동결한 이후 5월까지 3번 연속 동결이다. 2021년 8월부터 계속된 금리 인상에 제동이 걸린 것이다. 드디어 기준금리 인상이 끝났을까?

사실상 끝났다는 분위기가 지배적이지만 단정 지을 수는 없다. 기준금리를 언제까지 올릴 것인가에 대한 답은 한국은행이 아니라 미국 연방준비제도이사회(FED, 이후 연준)에 달려있다. 하지만 제롬 파월 연준 의장조차 미국의 기준금리를 언제까지 올려야 하는지 명확한 답을 제공할 수는 없다. 미국의 금리도 소비자물가지수(CPI)와 고용지표 등 각종 경제지표와 국제정세에 영향을 받는다. 연준이 올리고 싶어 올리고 멈추고 싶어 멈출 상황이 아니라는 것이다.

2021년 상반기만 해도 파월 연준 의장은 2023년까지 금리 인상을 하지 않겠다고 공언했다. 그러나 물가가 예상외로 심각해지자 2022년에 광폭한 기준금리 인상 행보를 보여주었다. 앞으로 미국이 기준금리를 올리면 한국은행도 어느 정도 따라갈 수밖에 없다. 한국과 미국의 기준금리가 1%p~1.5%p 이상 벌어지면 국내의 해외투자자금 유출이 발생할 수 있기 때문이다. 물론 1.5%p 이상 벌어진다고 바로 자금유출이 되는 것은 아니지만, 위험성이 높아지는 것은 분명한 사실이기 때문에 한국은행의 고민은 깊어지고 있다.

그렇다고 금리 인상의 끝이 멀리 있지는 않다. 2021년 8월부터 2023년 3월까지 0.5%에서 3.5%로 가파르게 오른 금리는 예상치 못한 새로운 변수가 생기지 않는 한 3.5%에서 마무리되거나 올라도 3.75% 수준에서 마무리가 될 가능성이 크다. 아래 그림은 2008년부터 2023년 3월까지 한국은행 기준금리 추이 그래프이다. 2008년 글로벌 금융위기가 발생했을 때 기준금리는 5.25%로 그 이후 현재 3.5%가 가장 높은 수준이다. 우리나라의 현재 경제 상황을 고려하면 지금도 감당할 수 있는 수준을 넘은 상태이지만 물가나 미국의 상황을 고려하면 최대 4%까지는 염두에 둘 필요가 있다.

<그림 2-8-1> 한국은행 기준금리 추이

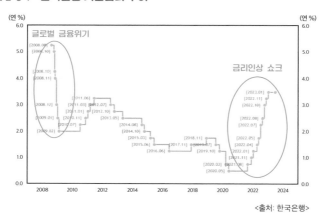

<출처: 한국은행>

2) 기준금리 인상이 멈춘 후 인하까지 금리의 고점이 얼마나 유지될 것인가?

기준금리 인상이 멈춘다고 다 끝나는 것은 아니다. 가장 높은 수준의 기준금리가 얼마나 오래 유지되느냐가 두 번째 포인트다. 미래를 알

앞으로 3년, 무조건 올라가는 곳 알려드립니다

수 없기에 미국 연준도 한국은행도 때가 되면 멈추겠지만 섣불리 인하로 돌아서지는 못할 것이다. 국가의 경제는 무거운 열차와 비슷해서 브레이크를 밟는다고 곧바로 멈출 수는 없다. 금리도 실제로 떨어지기까진 시간이 필요하다.

다시 한국은행 기준금리 추이 그래프를 보자. 글로벌 금융위기 이후 추락하다시피 떨어진 기준금리는 2009년 2월 2%로 떨어진 후 2010년 7월 2.25%로 올라가기까지 17개월이 걸렸다. 이번 금리 인상 쇼크가 마무리되더라도 인하까지는 적어도 6개월 정도는 고금리가 유지될 가능성이 크며 길면 1년 이상 이어질 가능성도 있다.

3) 기준금리 인하가 시작되면 얼마나 빨리 떨어질 것인가?

하지면 고금리를 일정 기간 유지한 후 결국은 기준금리 인하로 돌아설 것이다. 기준금리 인하가 시작되면 일시적으로 투자수요가 유입되겠지만, 궁극적으로는 기준금리가 시장에서 원하는 수준인 1%~2% 수준으로 내려와야, 2%~3% 수준의 대출금리가 등장하고 주택구매능력이 개선될 것이다. 2008년 글로벌 금융위기 당시 5.25%였던 기준금리를 2008년 10월부터 2009년 2월까지 4개월 만에 3.25%p 단숨에 내린 적도 있었지만, 이는 국가경제위기 상태이기도 했고 당시 정부의 정책적 판단이 있었기 때문에 가능한 일이었다. 2011년 6월의 3.25%에서 2016년 6월 1.25%까지는 5년이 걸리기도 했다.

결국, 금리 인하는 경제 상황에 따라 내수경제 침체가 매우 위험한 상황이라면 6개월~1년 만에 1%~2% 수준까지 내려갈 수도 있지만, 경제에 큰 문제가 없다면 2년~3년 정도 시간이 소요될 가능성이 크다. 국가 경제위기 상황이 아니라면 한국은행은 0.25%p의 베이비스텝으로 기준금리를 변동하는 만큼 3.5%에서 시장에 원하는 1%대까지 내리려면 6번~8번의 기준금리 인하를 단행해야 한다. 인하에도 1년~2년이란 시간이 필요하다는 의미다.

09 전세 흐름 중요하다.

빠른 금리 인상과 믿었던 전세의 배신으로 2022년 하반기 집값은 폭락하였다.

하지만 영원히 떨어질 것 같았던 전세 흐름이 변하고 있다.

1부 4장 '믿었던 전세의 배신'에서 알아본 것처럼 2022년 기준금리 인상 쇼크로 급격하게 내려간 집값 중에서 매매보다 전세가 더 큰 낙폭을 보여줬다. 2009년 이후 시행된 전세대출이 보편화하면서 전세의 70%~80% 정도가 은행 대출로 채워졌다. 전세 시장이 금리 인상에 매우 취약한 구조가 된 것이다. 금융의 지배력이 매매 시장보다 전세 시장에서 더 커지면서 금리 인상의 충격을 더 크게 맞아야 했다. 예를 들어, 50만 원 내던 전세대출 이자가 순식간에 100만 원으로 오르면 가만히 있을 세입자는 없다. 예상치도 못한 추가 이자가 갑자기 수십만 원에서 백만 원 이상 늘어나면서 많은 세입자가 전세에서 월세로 갈아탔다. 대출이자보다는 차라리 월세가 낫다고 판단한 것이다.

사실 여러 조건을 고려하고 지출액이 비슷하면 월세가 더 낫기는 하다. 은행에서 대출받고 혹시 내 전세보증금을 받지 못하는 것은 아닐까, 불안해하는 것보다 보증금을 줄여 매월 월세 내는 것이 편하고 안전하다. 심적으로 매월 내는 것이 아깝다는 고정관념을 가지고 있어서 그렇지 은행이자는 매월 내는 돈 아닌가? 은행에 내나 집주인한테 내나 조삼모사다. 여기에 입주 물량까지 늘어나면서 전셋값이 매맷값보다 더 크게 하락을 하였고 버팀목 역할을 해주던 전세가 하락하자 매맷값도 속절없이 무너졌다.

하지만 2023년 2월이 넘어서면서 미묘한 변화가 감지된다. 매매보다 전세의 회복속도가 빨라졌다. 아래 그림은 수도권 매매 및 전셋값 변동률 추이 그래프다. 2월 들어 전세의 반등 폭이 커짐을 알 수 있다. 기준금리가 내려간 것도 아닌데 전세 시장에 무슨 일이 생긴 것일까? 금리가 달라졌다. 기준금리는 내리지 않았지만, 전세 대출금리가 내려간 것이다. 과도한 예대차익(예금과 대출의 금리 차이로 인한 이익)에 비판의 목소리가 높아지자 정부가 압력을 넣었다.

시장의 수요자들은 매 순간 가장 유리한 선택을 한다. 월세를 더 선호해서 월세로 바꾼 것이 아니라 바꾼 순간 전세보다 월세가 더 유리했기 때문이다. 그런데 전셋값이 하락하고 월세는 올라가다 보니 이제 다시 전세가 유리해졌다. 전셋값은 수억 원씩 떨어졌는데 월세는 여전히 떨어지기 전의 전셋값을 기준으로 삼고 있다. 또 임대인도 손해를 보려 하지 않는다. 예를 들어 12억 원 하던 전셋값이 8억 원으로 떨어지면 4억 원이 하락한 것이다. 반면 월세는 전셋값이 12억 원일 때를 기준으로 보증금 5억 원/월세 300만 원을 받고 있으니 세입자는 최근 전세의 시세인 8억 원을 기준으로 재계약하기를 바랄 것이다. 하지만 임대인은 월세 수요가 넘치는데 굳이 손해를 보지 않으려 할 것이다. 대출 이자가 조금씩 줄어들고 있으니 세입자는 차라리 전세대출을 받아 가격이 낮아진 전세로 들어가는 것이 낫겠다고 판단한 것이다.

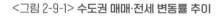
<그림 2-9-1> 수도권 매매·전세 변동률 추이

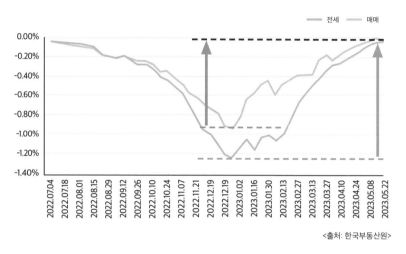

<출처: 한국부동산원>

아래 그림은 수도권 임대 신규계약 중 전세의 비중으로 역시 2023년 이후 전세의 비중이 늘어나는 것을 확인할 수 있다. 시장의 수요자들이 매 순간 최적의 선택을 한 결과다. 월세가 유리하면 월세로 가고 전세가 유리하면 전세로 간다. 옛날처럼 무조건 전세를 선호하고 월세를 꺼리는 것이 아니라 현명한 선택을 하는 시대가 된 것이다.

<그림 2-9-2> 수도권 임대 신규계약 중 전세의 비중

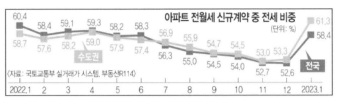

<출처: 부동산R114>

　　이제부터 중요한 점은 한번 내려간 전셋값이 언제 올라오느냐다. 전셋값은 매맷값을 밀어 올리기도 하고 매맷값 하락을 막는 버팀목 역할도 맡고 있다. 따라서 전세의 추이가 향후 집값 회복의 중요한 원동력이 될 것이다. 전세 사기 여파로 전세에 대한 불신이 커지면서 빌라와 오피스텔 전세 시장은 당분간 약세가 이어질 가능성이 크다. 하지만 상대적으로 전세가율이 높아 안전한 아파트 전세 시장은 앞서 봤듯이 시장 수요자들의 현명한 선택으로 다시 조금씩 상승할 것이다.

　　하지만 2022년 하반기 가파르게 떨어진 속도만큼 빨리 회복하기는 어렵다. 2023년 강남권의 입주 물량은 1만 세대가 넘는다. 상징성이 큰 강남의 전세가 힘을 쓰지 못하면 다른 지역에도 영향을 미친다. 거기에 2020년부터 시행하고 있는 2+2 계약갱신청구권과 2019년~2020년에 많이들 가입한 주택임대사업자 같은 5% 인상 캡 같은 제도적인 규제도 전세 시장 회복을 제한하는 요소다. 주식처럼 집값도 내려가는 것보다 오르는 것이 힘들다. 10억 원에서 5억 원이 되면 50% 하락한 것이지만 5억 원에서 10억 원이 되려면 100%나 상승해야 한다.

　　　　　　　　　　　　　　　　　　앞으로 3년, 무조건 올라가는 곳 알려드립니다

이렇게 반문할 수도 있다. '전셋값이 떨어지면 좋은데, 왜 회복을 바라는 것일까?' 하지만 전셋값이 영원히 내릴 수는 없다. 임대는 투자가 아닌 실수요자 시장이기 때문에 전세 아니면 월세로 나뉜 것이다. 이 둘의 수요를 모두 합치면 입주 물량이 쏟아질 때를 제외하고 가격은 오를 수밖에 없다. 여유가 있음에도 낮은 전세에 취해서 내 집 마련의 꿈을 버리는 것은 상당히 위험한 전략이다. 좋지 않은 시장 상황에서 2+2 계약갱신청구권을 이용해 4년 동안 낮은 전셋값을 내며 전략적으로 내 집 마련의 기회를 노리거나, 다른 자산이 많아서 굳이 아파트에 투자할 필요가 없어 전세에 사는 게 아니라면 내 집 마련은 항상 1순위 과제다.

10 결국은 심리, V자냐 L자냐 그것이 문제로다

L자도 아니고 V자도 아닌 W자로 갈 것이다

금리, 전세, 정책에 따른 매도자와 매수자 간의 팽팽한 줄다리기 심리 게임은 이제 시작이다

집값 상승과 하락 흐름과 원인부터 바닥의 시그널, 벌집순환모형이론을 이용한 집값과 거래량의 순환구조 그리고 금리와 전세까지 살펴봤다. 이제 집값이 어디로 흘러갈지에 대해 결론을 내보자. 과도한 상승에 대한 피로감이 누적된 상태에서 빠른 기준금리 인상으로 2022년 상반기 거래절벽, 2022년 4분기부터 가파른 집값 하락 후 2023년 1월 급매물이 소진되면서 매도와 매수가 팽팽한 줄다리기를 하고 있다. 거래는 파는 사람과 사는 사람 사이에서 가격 합의가 있어야 성사된다. 집값이 올라가는 매도자 우위 시장은 집주인들이 올린 호가를 불안한 마음의 매수인이 따라가서 상승거래가 이루어지고, 집값이 떨어지는 매수자 우위 시장은 집값 조정을 원하는 매수자의 요구에 불안한 집주인들이 따라가면서 하락거래가 된다. 매수자와 매도자 어느 한쪽이 양보해서 따라가야 거래가 늘어나는데 지금은 매도자, 매수자 모두 따라갈 마음이 없다.

아래 그림은 KB부동산의 서울지역 매수우위지수다. 기준선 100을 기준으로 위에 있을수록 집을 사려는 매수심리가 강하고, 100 아래로 내려올수록 매수심리가 약해진다. 2021년 8월 114.8을 찍고 내리막을 걸으면서 2022년 11월 17.3까지 떨어졌다. 2023년 5월에는 소폭 반등했지만 24.8로 여전히 낮은 수준이다.

<그림2-10-1> **서울 매수우위지수**

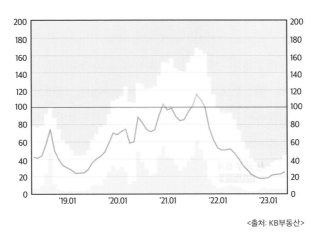

<출처: KB부동산>

매수우위지수를 자세히 보면 분명히 매수자 우위 시장이 맞지만, 6장에서 살펴보았듯이 서울의 아파트 거래량은 여전히 낮은 수준이다. 2022년 12월 835건에서 2023년 1월 1,417건, 2월 2,439건, 3월 2,729건, 4월 3,185건으로 늘어났지만, 2020년~2021년 평균 5,000건 이상 거래된 것에 비하면 여전히 낮은 거래수준이며 거래증가 속도도 점점 둔화하고 있다.

매수우위지수가 크게 떨어졌다면 매수자가 원하는 수준까지 매도자가 가격을 떨어뜨려야 하는데 아직은 그럴 생각이 없다. 2022년 하반기부터 관망하던 매수 대기자들이 1차 바닥을 확인한 후 거래에 나서면서 거래가 늘어나고 있고 위기가 끝났다고 판단한 매도인들은 어김없이 호가를 올리고 있다. 하지만 매수자 대다수는 여전히 집값이 비싸다고 생각하면서 급할 것이 없기에 집주인들이 올린 호가를 쉽게 따라가지 않는다. 하지만 갑자기 폭락할 가능성도 적다.

2023년 3월 미국의 실리콘밸리은행(Silicon Valley Bank)과 스위스의 크레디스위스(Credit Suisse) 사태로 금융시장이 흔들리면서 대외적인 위험은 여전히 남아있다. 하지만 일단 1월에 1차 바닥을 확인했고, 2023년 공동주택공시가격도 크게 내리면서 보유세 부담도 많이 줄어들었기에 다주택자들은 버틸 수 있는 용기가 생겼다. 참고로 2023년 공동주택 공시가격은 -18.61%(서울 -17.3%, 경기 -22.25%, 인천 -24%, 세종 -30.68%, 대구 -22% 등)로 역대 최고 수준으로 떨어졌다. 종합부동산세를 결정하는 공시가격과 세율(0.6%~6% -> 0.5%~7%)은 내렸고, 공제금액(1주택 11억→12억 원, 다주택 6억→9억 원)은 상향해주면서 세금 부담이 크게 줄었다. 2022년 대비 1주택자는 30% 정도, 다주택자들은 70%까지 줄어들 전망이다.

따라서 가파른 기준금리 인상으로 촉발된 1차 하락은 사실상 마무리가 되었고 폭락한 가격에서 일정 부분 회복한 수준에서 예상치 못한 변수가 생기지 않는 한 당분간 보합세가 이어질 가능성이 크다. 폭락도 폭동도 어렵다는 의미다. 여기서 정확히 알아야 할 것은 보합이 L자처럼 등락 없이 바닥 가격을 그대로 유지한다는 의미가 아니다. 등락

앞으로 3년, 무조건 올라가는 곳 알려드립니다

을 거듭하면서 매도자-매수자 간 팽팽한 줄다리기를 한다는 의미다. 1차 바닥을 확인한 후 어느 정도 회복을 하면서 반등하겠지만, 이 반등은 V자 반등이 될 수 없다. V자 반등은 전고점을 뚫고 더 높이 상승해야 하는데 지금 상황에서 과연 2021년 하반기 가격을 넘어 더 높이 오를 수 있을까? 금리, 전세, 집값, 경제문제가 해결되지 않는 한 어렵다.

기준금리가 시장에서 원하는 수준인 1%~2%까지 내려오려면 2년~3년은 족히 필요하다. 한번 내려간 전세가 반등하려면 입주 물량과 2+2 계약갱신, 전세 사기 등을 넘어야 하고, 전세가 상승한 후 매매가 상승으로 이어지는 것 역시 시간이 필요하다. 집값이 높다는 부담감이 사라지려면 버티던 집주인들이 하락매물을 내놓으면서 집값이 더 내려가야 하고, 시간이 지나 인플레이션에 따른 화폐 가치의 하락이 반영되어야 하기에 이 역시 2년~3년이란 시간이 필요하다.

결국, 비정상적인 기준금리 인상 쇼크로 크게 떨어진 2022년 4분기 하락은 1차 하락이다. 7년간 오르고 6개월 조정된 후 다시 대세가 상승으로 바뀌는 것은 이치에 맞지 않는다. 당분간 등락을 거듭하면서 보합세를 유지하다 한 번 더 2차 하락을 지난 후 상승으로 전환될 가능성이 크다. 굳이 정확한 표현을 하자면 V자도 아니고 L자도 아닌 W자일 확률이 높다. 아직은 집주인들이 자포자기 심정으로 '패닉 셀'을 할 마음은 없다. 오를 만하다가 떨어지고 다시 오를 만하다가 떨어지는 희망고문을 2번~3번 경험해야만 집값 하락을 받아들일 것이다.

아래 그림은 2008년~2013년 집값 흐름을 나타낸 그래프다. 2008

년 글로벌 금융위기로 1차 하락이 있었고 이후 등락을 거듭하면서 W자 흐름을 유지하다가 2012년~2013년 2차 하락이 발생한 후 상승으로 전환되었다. 미래는 신의 영역이지만 역사는 항상 반복된다.

<그림2-10-2> 2008년~2013년 과거 1차 조정과 2차 조정

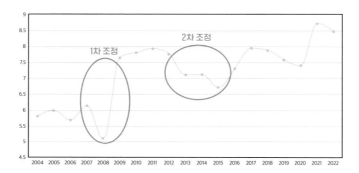

<출처: 주택금융통계시스템>

앞으로 3년, 무조건 올라가는 곳 알려드립니다

꼭지 시그널 확인하기

2021년만 하더라도 '도대체 집값이 언제까지 오를까?' '집값 고점인 꼭지가 오기는 할까?' '불안해서 도저히 못 참겠다, 무리해서라도 집을 사야겠다'라는 분위기가 지배적이었다. 집값 하락을 기다리다 지친 매수자들은 영혼까지 끌어들여 집을 샀다. 특히 주택구매 연령도 아닌 20·30세대 젊은 수요층들이 무리해서 집을 샀다. 결혼을 앞둔 예비 신혼부부가 혼인신고를 하지 않고 자기자본 2억 원에다 한 사람은 주택담보대출을, 다른 사람은 전세대출을 받고, 심지어 신용대출과 부모님 지원까지 모아서 10억 원 아파트를 구매하는 것이 좋은 투자전략인 것처럼 유행했다. 내 집 마련은 언제나 필요하고 정답이지만 자기자본비율이 50% 이상 되어야 하는 지켜야 할 선까지 넘어버리면서 무리한 투자를 한 것이다.

지역에 따라 차이는 있지만 2023년 1월, 불과 6개월 만에 집값이 고점 대비 30% 정도 하락하면서 자기자본은 사라지고 대출만 남았다. 금리 인상으로 대출이자까지 두 배로 상승하면서 위기는 설상가상으로 더해졌다. 집을 살 때만 하더라도 미국의 기준금리는 제로금리였고 기준금리를 결정하는 파월 연준 의장은 2023년까지는 금리를 올리지 않겠다고 공언했다. 그러자 모두 금리가 2024년부터 서서히 오른다면

2025년이 넘어가야 집값이 하락하리라 생각했다. 하지만 예상과 달리 2022년 사상 전례 없는 기준금리 인상이 시작되면서 상황은 180도 달라졌다.

미국의 유명한 권투선수 마이크 타이슨이 이런 말을 했다. "누구나 그럴듯한 계획이 있다. 한 대 맞기 전까지는." 무리하게 집을 산 사람들은 파월 의장한테 제대로 맞았다. 2020년에 무리해서 아파트를 구매하겠다는 예비 신혼부부 상담자한테 필자는 분명히 말했다. "내 집 마련은 당연히 해야 하지만 지금 집값이 과열된 것은 사실이다. 필요하다면 자금계획은 최대로 보수적으로 잡아라, 신용대출은 절대 안 되고 부부 동시 대출전략은 매우 위험하다." 거래가 성사되면 수수료를 받을 텐데 왜 그렇게 경고를 했을까? 고점 꼭지 시그널이 감지되고 있었기 때문에 차마 무리해서 집을 사라는 말을 할 수가 없었다.

투자에서 중요한 것은 들어갈 때와 빠져나올 때다. 지인으로부터 정보를 얻어 주식투자를 하신 분이 언제 팔아야 하는지는 듣지 못해서 투자에 실패했다는 이야기를 하면서 웃었던 기억이 난다. 미래는 신의 영역인 만큼 100% 예측은 불가능하지만, 꼭지 시그널을 통해 고점 과열의 징조를 파악하면 매도 타이밍을 잡는 데 도움이 될 것이다.

1) 지방 중소도시 규제지역 지정

앞에서 설명한 저수지 이론을 다시 떠올려보자. 바닥까지 드러낸 저수지에 비가 오면 저수지의 중심부터 점점 물이 불어나 가장자리까지 물이 찬다. 집값 상승이 시작되면 서울 강남(서초, 강남구)아파트부터 오르기 시작해서 강남3구인 송파, 4구인 강동, 마·용·성(마포, 용산, 성수)과 옥수·금호·흑석 등 신흥 부촌 아파트 가격이 오르고 노·도·강(노원, 도봉, 강북구)과 은평, 관악 등 서울 외곽지역이 오른다. 수도권에서는 분당, 판교 등 수도권 경부 라인이 먼저 반응하고 수원, 안양을 지나 인천과 의정부, 오산, 안성 등 외곽으로 퍼져 나간다. 지방은 부산, 대구, 울산, 광주, 대전, 창원 등 광역시와 인구 100만 명 이상인 대도시 가격이 먼저 오르고 중소도시로 상승세가 이어진다. 상승 흐름을 보자면 수도권에서는 강남에서 시작해서 인천으로, 지방에서는 광역시에서 시작해서 포항, 경산, 논산, 여수, 순천 등 지방 중소도시가 마지막으로 오른다.

부동산 규제는 집값 상승을 따라가는 만큼 지방 중소도시가 규제지역으로 지정되면 마지막 상승장이 될 가능성이 크다. 2020년 12.17일 경기 파주를 비롯하여 부산, 대구, 광주, 울산, 창원, 천안, 포항, 경산, 논산, 공주, 여수, 광양, 순천 등 전국 36곳이 조정대상지역으로 추가로 지정되었고 창원 의창구는 투기과열지구로 지정되면서 규제지역 지정은 마무리되었다. 물론 규제지역 지정이 마무리되고 1년 정도는 더 올랐지만, 마지막 규제지역 지정이라는 시그널을 제대로 읽었다면 2021년 고점에 무리해서 들어가는 우(愚)는 범하지 않았을 것이다. 물론 미래는 모르는 일이고 그때 고점의 시그널이라고 말렸어도 집값이 계속 오르는데 무슨 소리를 하느냐고 욕을 먹는 경우가 많아 강하게 말리지는 못했던 것이 아쉽다.

2) 잘 오르지 않았던 외곽지역 집값 급등

수도권 지역에서는 서울 강남부터 올라서 인천이 뒤늦게 오른다고 말했는데 2017년~2022년의 서울과 인천 실거래가격지수를 통해 한 번 더 확인해보자. 서울은 2017년부터 꾸준히 상승하다가 2021년 말 정점을 찍고 하락으로 전환되었다. 반면 인천은 20219년까지는 큰 변화가 없이 횡보하다가 2020년 이후 상승을 시작하였고 2021년 급등하다가 2021년 말 정점을 찍고 2022년 하락으로 전환되었다.

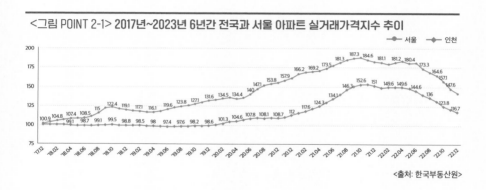

<그림 POINT 2-1> 2017년~2023년 6년간 전국과 서울 아파트 실거래가격지수 추이

<출처: 한국부동산원>

흔히들 아파트 가격이 바닥을 찍고 강남 집값이 오르면서 거래량이 늘어나면 회복 단계로 진입했다고 말하는 것처럼, 그동안 잘 오르지 않던 인천, 의정부, 안산, 안성 등 수도권 외곽지역이나 포항, 경산, 순천, 여수, 공주 등 지방 중소도시의 아파트 가격이 크게 오르면 고점에 다다랐다고 할 수 있다.

3) 위험회피-보수적 성향 수요자가 집을 사기 시작

앞으로 3년, 무조건 올라가는 곳 알려드립니다

예전 지방에 계시는 친척 누나를 만났는데 대뜸 "이제 아파트 투자 그만해야 할 것 같다"고 말하는 것이 아닌가? 사연인즉, 대출받으면 큰일이 나고 집을 굳이 살 필요도 없고 투기는 망국의 지름길이라 절대로 하면 안 된다는 친구가 집을 샀다는 것이다. 그 말을 듣는 순간 모든 게 다 이해가 되었고 이것이 진정한 대한민국 아줌마의 촉이라는 것을 느꼈다.

사람들은 각자 성격과 성향이 다르다. 위험추구형 사람들도 있고 위험회피 증에서도 공격적인 성향도 있으며 위에서 말한 것처럼 위험회피지만 보수적 성향인 분들도 있다. 주변의 친구, 지인들을 쭉 살펴보면 위험회피 보수적 성향인 분들은 반드시 있다. 특히 그 정도가 더 심한 분들이 한두 명씩 존재하는데, 이런 분들이 집을 샀다고 하면 고점일 가능성이 크다. 기다리고 기다리다가 오죽 불안하면 이런 분들이 집을 샀을까! 집값이 오르고 올라서 외곽지역 아파트까지 다 올랐고, 규제지역으로 묶였음에도 더 오르면서 스트레스가 극에 달해 집을 샀다는 의미다.

3부

1부에서 현재 부동산시장 상황과 금리, 전세, 수요와 공급, 부동산 정책 등을 분석하여 부동산시장 흐름을 읽는 법을 배웠다. 2부에서는 한 걸음 더 나아가 바닥의 시그널과 벌집순환모형이론, 과학적인 통계, 주요 변수 등을 통해 정확하면서 최선의 타이밍을 잡는 방법까지 익혔다. 이제 3부에서는 아파트의 4가지 가치인 시장가치, 현재가치,

오르는 아파트
고르는 법

미래가치, 내재가치에 대하여 알아보고, 청약 노하우, 플러스 가치 그리고 임장, 집 잘 사고 잘 사기까지 좋은 아파트를 선택하기 위한 실전 방법에 대하여 배워보도록 하자.

01 시장가치는 이렇게 체크하자

시장가치는 부동산시장 흐름에 따라 얼마나 탄력적으로 움직이는지를 판단하는 기준이다.

시장가치에 따라 동일 기간 내 상승 기간과 상승 폭이 다르다.

부동산 중 아파트 투자가 가장 쉽다고 말하는 사람들이 많다. 상권분석과 토지와 건물 가치, 건물상태, 수익률, 공실, 법적인 문제까지 분석해야 하는 상가나 꼬마빌딩 투자보다 다양한 수요 덕분에 규격화되어서 인터넷만으로 쉽게 가치를 확인할 수 있는 아파트가 상대적으로 쉬운 것은 맞다. 투자방법이 어렵지 않고, 오를 때 투자하고 떨어질 때 쉬면 된다고 쉽게 말하지만, 막상 내가 투자를 하면 쉽지만은 않다. 아파트 시장은 금리, 전세, 경제, 부동산 정책 그리고 수요와 공급 등 여러 변수에 영향을 받는다. 특히 구매 능력과 욕구까지 맞물려 예측이 빗나가기도 한다.

1부와 2부에서는 아파트 시장의 흐름을 알고 정확한 타이밍을 잡는 방법을 알아봤다. 타이밍을 잘 잡는 것은 당연히 중요하지만, 같은 부동산시장 흐름에서도 조금 더 높은 투자가치와 경쟁력이 있는 아파트를 선택하는 노하우 없이는 성공적인 아파트 투자를 보장할 수 없다. 오를 때는 더 빨리 더 많이 오르고 내릴 때는 더 늦게 덜 떨어지는 경쟁력이 높은 아파트에 투자할 수 있어야 진정한 아파트 가치 투자자라 할 수 있을 것이다. 시장가치를 판단하려면 부동산시장 흐름을 읽고 정확한 타이밍을 잡는 방법뿐만 아니라 같은 부동산시장 흐름에 얼마나 더 탄력적으로 반응하는지가 중요하다. 똑같은 상승기를 거쳤지만 20% 상승에 그친 아파트도 있고, 100%나 상승한 아파트도 있다. 또 많이 상승했다가 집값 상승이 꺾이자 다른 아파트보다 더 크게 하락한 아파트도 있을 것이다. 시장가치가 좋은 아파트는 오를 때 잘 오르고 내릴 때 덜 떨어지는 특징이 있다. 시장가치는 5년 동안 얼마나 상승했느냐, 집값 급등 2년 동안 얼마나 상승했느냐, 이 두 가지 기준으로 판단한다.

1) 상승기 5년 동안 2배 이상 상승하면 시장가치가 좋다.

최근 부동산시장 흐름을 보면 2021년 하반기에서 2022년 초까지 거래된 가격이 대부분 최고점임을 알 수 있다. 우리는 최고점 기준 5년 동안 가격 상승 폭을 가지고 시장가치를 판단할 수 있다. 아래 그림은 2017년 1월부터 2022년 1월까지 5년간 서울 월간 아파트 매맷값지수를 나타낸 그래프다. 2017년 1월의 매맷값지수는 61.63이고 5년이 지난 2022년 1월 매맷값지수는 100이다. 5년 동안 서울 아파트 매맷값은 1.62배 상승한 것이다. 통계의 오류가 있을 수도 있고 아파트마다 차이가 있지만, 대략 5년 동안 상승률이 1.6배 이상이면 무난한 시장가치를 가졌다고 할 수 있으며 2배가 넘으면 준수한 시장가치라고 말할 수 있다.

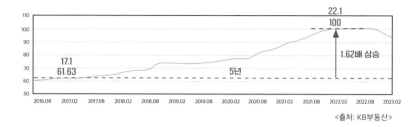

<출처: KB부동산>

　　아래 그림은 강남 도곡주공을 재건축하여 2006년 입주한 도곡렉슬 아파트 전용 84㎡의 최고가 기준 5년간 거래가격 상승 폭이다. 2021년 9월에 21층이 32억 원으로 최고가 거래되었고, 2017년 1월 12층이 13억2,500만 원에 거래되어서 5년 동안 2.4배 정도 상승한 것을 볼 수 있다. 최고가 기준 5년 동안 2.4배 상승하였으니 이 정도면 시장가치가 매우 좋다고 할 수 있다.

<그림3-1-2> 서울 강남구 도곡렉슬 5년 상승 폭

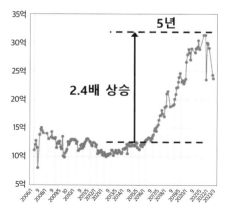

<출처: 아실>

그렇다면 5년이 채 되지 않은 아파트는 어떻게 확인할 수 있을까? 아래 그림은 3년간 서울 월간 아파트 매맷값지수를 나타낸 그래프로 2019년 1월 매맷값지수는 73.65이고 3년이 지난 2022년 1월 매맷값지수는 100이다. 3년 동안 서울 아파트 매맷값은 1.35배 상승하였다. 따라서 입주 3년 차 아파트의 가격상승 폭이 1.4배 이상이면 시장가치가 괜찮다고 할 수 있으며 1.5배가 넘으면 시장가치가 좋다고 할 수 있다.

<그림3-1-1> 2017년~2021년, 5년간 서울 월간 아파트 매매가격 지수 추이

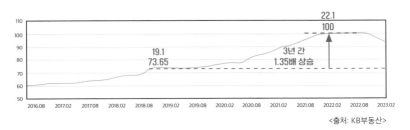

<출처: KB부동산>

아래 그래프는 위에서 말한 내용을 뒷받침하며 서울 시장의 흐름을 잘 나타낸 서울시 송파구 헬리오시티의 실거래가 추이다. 2019년 1월 15억3,325만 원에서 2022년 1월 23억8,000만 원으로 3년 동안 1.54배 상승하였으니 당연히 좋은 시장가치를 가지고 있다고 볼 수 있다.

<**그림3-1-4**> 서울 송파구 헬리오시티 3년 상승 폭

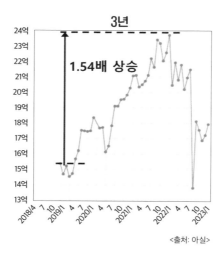

<출처: 아실>

2) 2년 동안 상승 폭이 지나치면 과열 가능성 있다

　최고점 기준 5년 동안 2배, 3년 동안 1.5배 이상 상승하면 시장가치가 좋다고 했다. 함정에 빠지지 않기 위해 저수지 이론을 다시 떠올려 보자. 집값이 오를 때 중심지부터 상승하고 외곽지역은 뒤늦게 상승한다고 했다. 2017년부터 2021년까지 5년 동안 집값 상승 폭을 계산할 때 발생하는 문제는 5년 동안 똑같이 2배 상승했더라도 2017년부터 꾸준히 상승한 지역과 2017년에서 2019년까지는 보합세를 유지하다가 2020년부터 폭등한 지역이 있다는 것이다. 고점 직전에 2년 정도 폭등을 한 후 꺾인 지역은 꾸준히 상승한 지역에 비해 시장가치 탄력성이 낮아 과열 가능성이 크다.

앞으로 3년, 무조건 올라가는 곳 알려드립니다

아래 그림은 5년 동안 상승한 월간 아파트 매매가격 지수 추이를 2017년~2019년의 3년과 2020년~2021년의 2년으로 구분해 상승 폭을 비교한 그래프다. 서울 평균은 2017년~2019년 3년 동안 1.24배 상승, 2020년~2021년 1.31배 상승하였다. 비슷하게 상승했지만 2020년~2021년 폭등기가 조금 더 상승했음을 알 수 있다.

＜그림3-1-5＞ 5년간 월간 아파트 매매가격 지수 추이

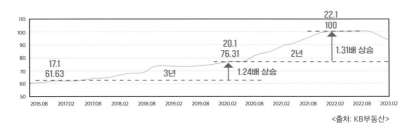

<출처: KB부동산>

앞서 살펴본 준수한 시장가치의 사례인 '그림 3-5-2 도곡렉슬 5년간 실거래가격 추이'와 '그림3-5-4. 헬리오시티 3년간 실거래가격 추이'를 보면 위 그래프와 비슷하게 2017년부터 2021년까지 꾸준히 상승했음을 알 수 있다.

다음 그림은 경기도 화성시 병점동 한신아파트(전용 84㎡)의 실거래가격 추이를 나타낸 그래프다. 2017년 1월 11층이 2억2,200만 원에 거래되었고, 2020년 1월 15층이 1억9,400만 원으로 오히려 소폭 하락하였다가 2월부터 상승을 시작하여 2021년 10월 4억9,500만 원까지 상승했다. 최고점 기준 2년 만에 2.5배나 상승한 것이다. 단순하게 생각하면 5

년 동안 2배 이상 상승하여 시장가치가 좋다고 볼 수도 있지만, 3년은 오르지 않다가 마지막 2년 동안 급등하면서 과열된 것이기에 실제 시장가치가 결코 좋다고 할 수는 없다. 이렇게 오를 때 안 오르다가 마지막에 지나치게 급등하는 아파트는 상승세가 꺾이면 하락 폭이 클 수도 있다.

<그림3-1-6> 경기도 화성시 한신 2년 상승 폭

<출처: 아실>

앞으로 3년, 무조건 올라가는 곳 알려드립니다

02 아파트 가격 적정성 확인하자

아파트 가격이 과연 적정한 수준인지 판단하는 방법이 있을까?

랜드마크 아파트, 매매와 전세, 공시가격을 이용해 가격 적정성을 확인해 보자.

내가 보유한 아파트 혹은 사려는 아파트 가격이 적정수준인지 알려주는 아파트 가격 적정성은 풀기 어려운 숙제와 같다. 1장에서 배웠던 시장가치 평가법도 아파트 가격 적정성 확인에 큰 도움이 된다. 우선 바로 앞에서 말한 것처럼 2017년부터 2021년 말 고점까지 5년 동안 실거래가격이 2배 이상 상승하였고, 2017년~2019년 3년간 상승이 거의 없다가 2020년~2021년 2년 동안 가격이 폭등한 것이 아니라 2017년부터 꾸준히 상승했다면 1차 관문은 통과했다고 볼 수 있다. 아파트 가격 적정성을 확인하는 2차 관문은 랜드마크 아파트의 매맷값과 비교하는 방법, 해당 물건의 매맷값과 전셋값을 비교하는 방법, 공동주택 공시가격으로 판단하는 세 가지 방법이 있다.

1) 랜드마크 아파트와 매맷값 비교

서울 송파구 송파센트레빌(2004년, 206세대) 전용 84㎡를 구매한다고 가정해보자. 실거래 사례를 확인해보니 2021년 8월 2층, 16억4,000만 원의 최고가 거래 이후 기록이 없다. 아파트 가격이 하락하지 않았다는 의미일까? 하지만 다른 아파트의 가격은 하락하고 송파 센트레빌만 그렇지 않다는 것은 말이 되지 않는다. 거래가 없었기 때문에 하락하지 않은 것처럼 보이는 것이고, 실제 가치하락이 반영되지 않았을 뿐이다.

<그림3-2-1> 송파센트레빌 5년간 실거래가 추이

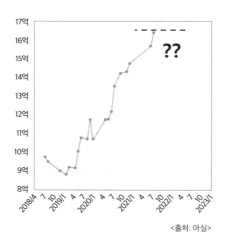

<출처: 아실>

송파구의 대표 랜드마크 아파트인 헬리오시티(2019년, 9510세대)의 실거래가 추이를 살펴보자. 2021년 9월, 30층이 23억8,000만 원으로 최고가 거래 이후 내림세를 유지 중이다. 하지만 그래프에 특이한 점이 보인다. 아래 그래프를 보면 13억8,000만 원이라는 비정상적인 가격으로 본격적인 하락이 시작하기도 전인 2022년 9월에 거래가 이루어졌다. 이

런 거래는 대부분 직거래를 이용한 특수관계 거래다. 10억 원이 넘는 아파트를 거래하는데, 중개보수가 아깝다고 모르는 당사자끼리 직거래를 하는 경우는 거의 없다. 세금을 아끼기 위해 친인척 사이에서 거래 가격을 내려 거래했을 가능성이 99%여서 이런 직거래는 판단에서 제외하는 것이 맞다. 또 2023년 1월에 1층 매물이 15억3,000만 원, 2023년 1월에는 2층 매물이 15억8,000만 원에 거래되어 뉴스에 많이 나왔는데 층수에 주목할 필요가 있다. 보통 저층과 10층 이상 중간층은 시세가 10% 이상 발생하기 때문에 비교할 때는 저층의 거래가격도 제외한다.

위의 조건을 제외하고 정상적이라고 판단할 수 있는 최저가는 2022년 12월의 34층 16억 원 거래로 고점 대비 33% 하락했다. 급매물이 거래되면서 2023년 2월 28층 18억9000만 원에 거래가 되면서 고점 대비 20% 정도 하락하였다.

<그림3-2-2> 헬리오시티 5년간 실거래가 추이

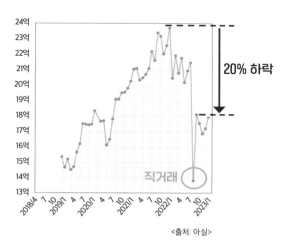

<출처: 아실>

2023년 2월 기준 랜드마크 아파트인 헬리오시티가 고점 대비 20% 정도 하락하였다면 송파센트레빌도 적어도 20% 이상 하락하는 것이 정상이다. 최고가 16억4,000만 원에서 20% 하락한 13억 원 정도로 예상할 수 있다. 실제로 2023년 5월 송파센트레빌 12층이 13억 원에 거래된 것으로 보아, 랜드마크 비교분석의 정확도가 제법 높음을 알 수 있다.

2) 매물과 전세로 확인하는 방법

위의 거래가 있기 전 2023년 2월에 나왔던 송파센트레빌 매물은 전용 84㎡ 저층이 13억9,000만 원, 중간층은 14억 원 이상으로 형성되어 있었다. 최고가 16억4,000만 원과 당시 매물의 14억 원을 비교하면 15% 정도 하락한 것이다. 매물에는 집주인들의 호가가 반영된 만큼 실제 거래가격보다 다소 높게 나왔을 것이라는 점을 고려하면 20% 이상 하락에 더 무게가 쏠린다.

이번에는 송파 센트레빌의 전세 거래가격을 확인해보자. 2021년 2월 9억5,000만 원이 최고가 전세계약이었고, 2023년 1월에는 6억5,000만 원에 전세계약이 성사되었다. 32% 하락이다. 2022년 하반기부터 매매보다 전세의 하락 폭이 큰 것을 고려하면 매맷값은 20%~25% 정도 하락이 적정해 보인다.

3) 공동주택 공시가격을 이용한 적정성 평가

공동주택 공시가격의 1.4배에서 1.6배로 계산하여 해당 아파트의 가격 적정성을 확인할 수 있다. 공동주택공시가격은 매년 4월에 공시하기 때문에 당해 공동주택 공시가격 공시 전인 1월~3월에는 1월에 발표하는 표준단독주택 공시가격 인상·인하율의 2배 정도를 적용하여 오차 보정을 해주면 된다. 부동산공시가격알리미(https://www.realtyprice.kr)에 접속해서 공동주택가격 열람을 클릭한 후 해당 아파트의 주소를 입력하면 공동주택 공시가격을 확인할 수 있다.

<그림3-2-3> 공동주택 공시가격 확인

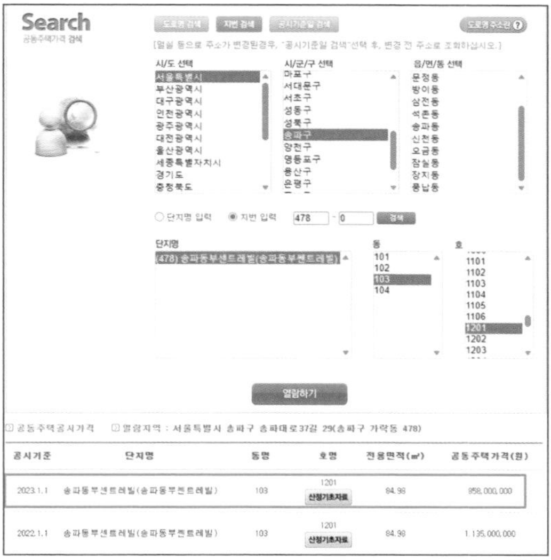

<출처: 부동산공시가격알리미>

　　2023년 송파센트레빌의 공시가격(1월 1일 기준)은 8억5,800만 원이다. 8억5,800만 원의 1.4배인 12억120만 원에서 1.6배인 13억7,280만 원 정도가 합리적인 가격이라 추산할 수 있다.

03 현재가치는 이런 것이다

교통환경, 교육환경, 생활환경, 아파트 단지 환경 이런 작은 현재가치 하나하나가 아파트의 가치를 결정한다. 현재가치에 대해 상세히 알아보자.

현재가치는 아파트의 가격형성에 영향을 주는 요소로 아래와 같이 구분할 수 있다.

- 지하철 등의 교통환경
- 학군, 학원가 등의 교육환경
- 편의시설 등의 생활환경
- 입주 연도, 세대 수, 브랜드, 동, 층, 라인, 타입 등의 아파트 단지 환경

현재 가격에는 현재가치가 반영되어 있어서 현재가치가 좋은 아파트는 그만큼 가격이 높고 오를 때 잘 오르고 내릴 때 상대적으로 잘 내려가지 않는 하방 경직성이 강하다. 손품과 발품을 팔아 좋은 아파트를 고를 때 가장 중요한 현재가치 판별법에 대해 상세히 알아보도록 하자.

1) 교통환경

수요자들의 발이 되어줄 교통환경은 아파트의 현재가치 결정에 가장 중요한 요소 중 하나다. 교통환경의 1순위는 지하철이다. 서울이나 수도권, 부산, 대구, 대전, 광주 같은 광역시는 지하철이 촘촘히 연결되어 있어서 지하철역 접근성에 따라 아파트 가치가 결정된다. 수도권의 경우 지하철역까지 거리가 도보 5분 거리면 초역세권, 10분 이내 거리면 역세권이라 평가한다. 일부 분양 광고에서 10분 거리 또는 500m라 말하면서 작은 글자로 '자차(自車)이용 시' 또는 '직선거리'라고 적는 때도 있어 도보로 10분인지 또는 실제 도보거리 500m임을 반드시 확인하여야 한다.

그리고 지하철역이라고 해서 다 같은 지하철역이 아니다. 서울 수도권의 경우 강남으로의 접근성이 핵심이다. 지하철 2호선, 9호선, 신분당선은 최고의 골드라인으로 평가받고 있으며 3호선, 7호선도 인기가 좋다. 또 미래의 중추인 GTX-A노선도 관심이 높다. 이런 골드라인과 더불어 지하철노선이 몇 개가 연결되는가에 따라서도 가치가 달라진다. 두 개의 지하철노선이 연결되는 더블 역세권은 수도권 기준으로 강남역, 사당역, 이수역, 신도림역, 당산역, 여의도역 등 상당수며, 세 노선이 연결되는 트리플 역세권은 서울역, 홍대입구역, DMC역, 고속터미널역 등이 있으며 무려 네 종류의 노선이 지나는 쿼드 역세권은 공덕역, 왕십리역 등이 있다. 하지만 지하철역 역세권이 아니라고 너무 실망할 필요는 없다. 지하철역이 있으면 당연히 아파트 가치형성에 도움이 되지만 이런 현재가치는 이미 현재 가격에 반영이 되어있기 때문에 역세권 아파트 가격은 당연히 비싸다. 지금은 지하철이 없지만, 인프라의 개선과 인구의 증대로 수요가 증가하면 자연스럽게 지하철이 연장되며 미래가치가 좋아질 수도 있다.

지하철 다음으로 중요한 것은 버스의 접근성이다. 서울에서는 지하철역으로 연결되는 마을버스가 촘촘히 연결되느냐가 중요하고, 수도권 지역에서는 서울 강남이나 광화문, 서울역, 여의도로 연결되는 광역버스 정류장의 거리가 중요하다. 그리고 자동차로 고속도로나 광역교통망을 쉽게 이용할 수 있는 IC 접근성도 중요하다. 교통망은 점점 더 촘촘하게 연결되고 있어서 앞으로는 단순히 강남, 서울과 몇 km 떨어져 있다는 물리적 거리보다 얼마나 빨리 접근할 수 있느냐 시간적 거리가 더 중요해지는 요즘이다.

2) 교육환경

현재가치 중 역세권 교통환경과 함께 중요한 것은 학군, 학원가의 교육환경이다. 맹자 어머니가 아들을 위해 세 번 이사했다는 맹모삼천지교(孟母三遷之敎)는 현대에도 진행 중이다.

교육은 대한민국 부모라면 어쩔 수 없이 최우선으로 손꼽을 수밖에 없어서 교육환경이 좋은 지역의 아파트는 가격이 높은 만큼 수요가 단단하고 경쟁력이 높다. 교육환경을 분석할 때는 초등학교 접근성을 우선으로 본다. 어린 자녀를 둔 부모는 안전하게 학교를 잘 다니는 것이 가장 중요하기 때문에 아파트에서 어린 초등학생이 도보로 이용할 수 있도록 아파트 가까운 곳에 학교가 있으면 일단 합격이다. 초등학교를 품은 아파트라는 의미인 '초품아'는 이미 아파트 현재가치를 결정하는 중요한 요소가 되었다.

초등학교에서 중학교로 넘어가면 학군이 중요하다. 과거에는 고등학교에 올라가서 정신을 차리고 열심히 공부하면 충분히 좋은 대학교에 갈 수 있었다. 하지만 요즘은 중학교 때 이미 결판난다. 중학교 때 공부를 잘하지 못한 학생이 고등학교에 가서 바뀐다는 것은 어지간히 머리가 좋은 경우가 아니고선 불가능하다. 그만큼 학군의 완성은 중학교라고 해도 과언이 아니다. 고로, 아파트에서 도보 이용한 초등학교가 있는 '초품아' 단지라도 중학교가 뒷받침돼야 한다. 그렇지않으면 자녀가 초등학교 고학년이 됐을 때 거주지를 바꾸는 경우가 많기 때문이다. 중학교 라인이 탄탄한 아파트의 현재가치가 상대적으로 더 높은 이유다. 대치초, 대청중, 단대부중, 단대부고, 휘문고, 숙명여고 등 우수한 학교들을 갖춘 서울 강남 대치동이나 양천구 목동, 분당과 판교, 평촌 신도시 등이 탄탄한 학군수요층으로 현재가치가 높다.

또 다른 시대의 변화는 바로 학원가다. 학원이 거의 없던 시절을 살았던 필자와 달리 학원이 중요한 교육환경이 되어버린 요즘은 우수한 학원가가 형성되어 있는지도 매우 중요하다. 대치동이나 목동, 중계동 은행사거리, 분당, 평촌, 일산 학원가는 이미 유명하며, 반포부터 마포 공덕, 마곡, 판교, 광교 등 새롭게 신흥 부촌으로 성장한 주거지 중심으로 새로운 학원가들이 속속 형성되고 있다. 소득이 뒷받침되는 고급 아파트 단지가 어느 정도 규모 이상으로 형성되면 자연스럽게 우수한 학원가가 만들어진다. 이렇게 조성된 학원가는 다시 고급 아파트 단지의 현재가치를 더욱 단단하게 만들어주는 선순환으로 이어진다.

3) 생활환경

편리함에 익숙해진 현대인들은 불편함을 견디지 못한다. 경사가 높은 골목길 옥탑 작은 단칸방에서 신혼살림을 차리고 미래의 행복을 꿈꾸던 그런 시대가 아니다. 시대가 달라졌다. 눈뜨니 아파트에 살고 있고, 자동차가 있으며, 먹고 싶은 것과 가지고 싶은 것을 가져온 풍요로운 시대를 살아온 MZ세대에 불편함은 견딜 수 없는 구시대의 산물이다. 심지어 MZ세대 부모들이 더 나서서 귀한 우리 자식 고생시킬 수 없다고 더 편리한 생활환경을 갖춘 아파트를 찾는다.

아파트에서 도보로 이용할 수 있는 편의점, 슈퍼마켓, 커피전문점, 베이커리, 학원은 필수적으로 갖춰진 아파트가 현재가치가 높다. 특히 '스세권'이라 불리는 스타벅스가 있는 상권이 아파트 주변에 있다면 가치는 더욱 올라간다. 깐깐한 상권분석으로 유명한 스타벅스가 입점했다는 것은 그만큼 유효수요가 풍부하여 편의시설이 잘 갖춰진 상권이라는 의미이기 때문이다. 그리고 앞서 살펴본 역세권, 학교, 학원가가 가까이 있으면 금상첨화다.

4) 아파트 단지 환경

이제 가치의 본질인 아파트를 돌아보자. 2000년 이후 분양가 자율화를 통해 아파트의 고급화를 이끈 브랜드 아파트가 등장한다. 삼성물산의 래미안, 현대건설과 현대엔지니어링의 힐스테이트, GS건설의 자이, 대우건설의 푸르지오, 현대산업개발의 아이파크, 포스코건설의 더샵 등 브랜드가 붙는 순간 20% 이상 현재가치가 올라간다. 건설사들은 그 가치를 지키기 위해 조경부터 인테리어까지 고급화에 더욱 신경을 쓰기 때문에 브랜드의 가치는 더욱 올라가는 추세다. 분양현장에서는 '브랜드가 깡패다'는 말을 할 정도다. 몇 년 전 부산에 간 적이 있는데 동일 지역에 입주 연도도 비슷한데 브랜드에 따라 40% 이상 차이가 나는 것을 보고 깜짝 놀랐던 적이 있다.

우선 아파트 세대 수는 많으면 많을수록 좋다. 아파트도 규모의 경제가 통한다. 세대 수가 많을수록 편의시설과 커뮤니티 시설이 잘 갖춰지며 관리비도 상대적으로 저렴하다. 보통 1,000세대 이상이면 대단지 아파트라 하고, 4,000세대 이상 단지는 미니 신도시급이라 불러준다. 그만큼 생활 인프라와 커뮤니티, 조경 등이 잘 갖춰지기 때문이다.

아파트의 위치 또한 중요하다. 예전 경매현장에서 어떤 분이 아파트를 낙찰받았는데 대로변의 동이어서 급매물 가격보다 더 높게 경매를 받았다고 후회하는 것을 본 적이 있다. 임장(현장에서 조사하는 행위)을 가서 아파트 동에 따른 가격 차이를 확인하지 않고 인터넷에 올라온 시세와 매물가격만 확인하고 경매에 참여한 것이 화근이었다. 같은 아파트여도 동에 따라서 10% 이상 차이가 발생할 수 있다. 예를 들면 소음이 심하게 발생하는 도로변에 있는 매물보다 정숙성이 보장된 단지 중간의 매물이 좋다. 일반적으로 단지 중앙을 로열 동이라고 부르는 이유다. 물론 도로변이지만 한강처럼 특수한 조망권이 확보되거나 지하철역 접근성이 크게 차이가 난다면 도로변임에도 가치가 더 올라갈 수도 있다. 소음과 조망 이야기는 4장에서 더 상세히 들여다보자.

층수도 아파트 가치형성에 중요한데 소위 로열층에 대한 법적 기준은 없다. 하지만 보통 1층~2층은 저층으로 여기고 3층부터 올라갈수록 가치는 좋아지는데 10층 이상은 높이에 따라 조망권 차이가 발생하지 않는 한 그 차이가 크게 벌어지지는 않는다. 그래서 필자는 시세를 확인할 때 10층 이상의 물건 위주로 실거래가격이나 매물가격을 확인한다.

마지막으로 라인도 확인하는 것이 좋겠다. 같은 동이라도 몇 호 라인이냐에 따라서 미묘한 차이가 난다. 브랜드, 세대 수, 로열 동, 로열 층처럼 큰 영향을 주지 않지만, 라인이 좋으면 난방비 등 관리비도 절약되고 외부와 온도 차로 습기가 생겨 곰팡이까지 발생하는 결로현상도 예방할 수 있다. 아래 그림을 보면 라인의 중요성을 알 수 있다. 외벽에 위치한 라인보다는 양옆과 위아래로 둘러싸인 물건이 좋다. 상대적으로 여름철에 시원하고 겨울철에 따뜻하며 결로현상도 거의 발생하지 않는다. 좋은 라인의 입주자 중에는 몹시 추운 한겨울이 아니면 난방을 하지 않는다는 이들도 있다. 에너지 가격이 올라가면서 그 어느 때보다 어려운 지금 좋은 라인선택은 작은 가치상승에 도움이 될 것이다.

<그림3-3-1> 아파트 라인

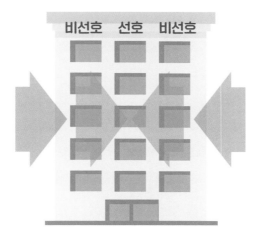

조망 vs 소음 어떤 선택을 해야 할까?
조망권의 플러스 효과와 소음의 마이너스 효과에 대하여 알아보자.

─조망권의 힘

삶의 수준이 높아지면서 잠을 자는 주거 기능은 기본이고 삶의 여유를 위해 조망권(眺望權)의 가치는 점점 높아지고 있다. 같은 아파트 단지라도 한강 조망 여부에 따라 수억 원 이상의 가격 차이가 난다. 조망권은 산, 강, 호수, 바다, 공원, 골프장 등 자연이 보이는 자연 조망이 대표적이며, 최근에는 대형 랜드마크나 독특한 건축물 등이 보이는 빌딩 조망도 조망권으로 인정이 되는 추세다. 대표적으로 잠실 롯데타워가 보이는 아파트의 빌딩 뷰가 있다. 조망권에 따라 매맷값의 5%~10%, 많게는 20%까지도 차이가 나는 만큼 그 힘은 대단하다. 물론 조망권의 가치가 반영된 아파트는 매맷값이 그만큼 높기에 조망에 큰 의미를 두지 않거나 자금이 부족한 사람은 무리해서 수억 원을 더 주고 조망을 선택할 필요는 없다.

앞으로 3년, 무조건 올라가는 곳 알려드립니다

청약이나 조합원 분양 등 동과 층이 추첨으로 결정되는 경우라면 운에 맡겨야 하지만, 동과 층을 결정할 수 있는 기존 아파트나 동 호수 추첨이 끝난 재건축·재개발 조합원분양권(입주권), 분양권을 구매하는 경우라면 프리미엄에 따라 판단해야 한다. 부동산시장 분위기가 가라 앉았거나, 분양계약 후 프리미엄이 본격적으로 형성되기 전이라면 프리미엄을 조금 더 주더라도 조망권이 나오는 물건을 선점하는 것이 좋다. 일례로 2013년~2014년 동탄2신도시 시범단지에서 골프장 조망이 나오는 앞 동의 분양권 프리미엄은 3,000만 원, 조망이 나오지 않는 뒷 동의 프리미엄은 1,000만 원이었다. 불과 2,000만 원 차이였지만 입주 후 조망에 따라 1억 원 이상 시세 차이가 나고 있다.

　　멋진 조망이 있으나 지하철이나 학교 등 생활 인프라가 부족한 아파트, 그리고 조망은 안 나오지만 생활 인프라가 좋은 아파트가 있다면 어떤 것을 선택해야 할까. 비슷한 조건이면 당연히 조망이 나오는 아파트를 선택하는 것이 맞지만 굳이 고르자면 생활 인프라가 더 중요하다. 지하철역, 버스정류장, 학교, 학원, 동네병원, 편의점, 커피전문점, 빵집 등 생활 인프라는 아파트의 현재가치를 결정하는 필수요소다. 기본을 포기하면서까지 조망을 고집할 필요는 없다. 생활 인프라가 필수요소라면 조망권은 있으면 좋지만, 굳이 없어도 가치하락이 되지 않는 플러스 효과다. 조망권의 가치는 생활 인프라 등 아파트의 현재가치인 필수요소가 잘 갖춰진 상태에 플러스 효과인 조망이 더해졌을 때 날개를 다는 것이다. 판교신도시 분양이 한창이던 2000년대 중반 편의시설이 좋은 동판교냐, 쾌적성이 좋은 서판교냐 논란이 있었다. 동판교는 신분당선 판교역과 현대백화점을 비롯한 각종 편의시설이 좋았고, 서판교는 공원과 산이 많아 쾌적성이 좋았다. 결과는 동판교의 승리였다. 신분당선 판교역과 현대백화점처럼 생활 인프라도 좋은데 쾌적성까지 좋다면 금상첨화지만 조망이나 공원이 없더라도 대부분 쾌적성보다는 편의성을 택한다.

—소음이 미치는 영향은?

2015년 골프장 조망이 나오는 경기도 군포시의 아파트를 보러 간 적이 있었다. 조망이 너무 멋져서 감탄사를 연발하다가 뭔가 이상한 점을 발견했다. 이렇게 좋은 조망권은 엄청난 플러스 요인으로 앞 동이 더 비싸야 하는데 조망이 나오지 않는 뒷 동과 가격이 비슷했기 때문이다. 이런 경우 조망권의 플러스 요인을 갉아먹는 마이너스 효과가 반드시 있다. 바로 소음이다. 앞 동 바로 앞에 기찻길이 있어서 엄청난 소음이 들렸다. 이 기찻길 소음이 멋진 골프장 조망권의 가치를 다 잡아먹은 것이다.

물론 조망권이 없었으면 소음으로 인해 앞 동의 시세가 더 낮아졌을 것이다. 생활 인프라 같은 기본이 갖춰진 상태에서 조망권과 같은 플러스 효과가 있으면 추가 가치상승이 가능하지만, 소음 등 마이너스 효과가 있다면 가치하락이 발생할 수 있다. 아래 그림처럼 조망과 소음이 동시에 있는 아파트 A와 조망과 소음이 모두 없는 아파트 B가 있다면 여러분들은 어느 아파트를 선택해야 할 것인가?

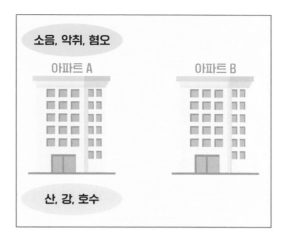

이런 경우에는 조망권과 소음의 정도를 저울에 올려보자. 골프장이나 한강, 산 등 완벽한 조망을 가졌고, 생활에 큰 지장을 주지 않을 정도의 소음이라면 A를 선택하는 것이 좋다. 한강변 아파트의 경우 올림픽대로나 강변북로의 도로 소음이 있음에도 불구하고 한강 조망으로 인한 플러스 효과가 더 크다. 반면 소음이나 악취 정도가 너무 커서 일상생활을 하기 힘든 정도라면 마이너스 효과가 더 커서 가치하락이 발생하기에 차라리 B를 선택하는 것이 더 좋다.

─플러스 효과와 마이너스 효과

학교나 학원, 편의시설, 지하철역 등 생활 인프라가 어느 정도 갖춰진 기본이 탄탄한 아파트라면, 플러스 효과와 마이너스 효과에 따라 추가적인 가치상승 또는 하락이 발생할 수 있다. 또 산이나 강, 호수, 바다, 골프장 등의 조망권과 공원 등 쾌적성 외에 병원, 경찰서, 주민센터 등 공공기관과 쇼핑몰, 도서관 등 편의시설도 가치를 증대시킨다. 물론 부동산시장 분위기나 상황에 따라 상승 정도의 차이가 있고, 한강이나 해운대처럼 확실한 플러스 효과라면 가치상승 폭은 더욱 커진다.

아파트 가치를 떨어트리는 마이너스 효과는 도로, 철길, 비행장으로 인한 소음이나 악취를 유발하는 화학 공장, 쓰레기소각장, 축사 등이 있고 교도소, 장례식장 등 혐오 시설과 교통체증과 매연을 만드는 버스터미널도 마이너스 효과를 일으킨다. 인터넷조사만으로 아파트의 가치를 완벽히 확인할 수는 없기에 반드시 임장을 통해서 플러스 효과와 마이너스 효과까지 꼼꼼하게 분석하는 것이 좋겠다. 또 이런 플러스 효과와 마이너스 효과는 개인마다 느끼는 차이가 존재하는 만큼, 현장조사를 할 때는 웬만하면 혼자보다는 부부, 친구, 지인처럼 다양한 이들과 같이 가서 의견을 교환하며 판단의 오차를 줄이는 것이 좋다.

플러스, 마이너스 효과

플러스 효과	마이너스 효과
조망권(산, 강, 호수, 바다, 골프장)	소음 (도로, 철길, 비행장 등)
쾌적성(공원, 숲, 산책로, 수변 등)	악취 (화학공장, 쓰레기소각장, 축사 등)
공공기관 (병원, 경찰서, 법원)	혐오시설 (교도소, 장례식장 등)
편의시설(도서관, 쇼핑몰)	교통체증 (버스터미널 등)

앞으로 3년, 무조건 올라가는 곳 알려드립니다

가치상승이란 측면에선 지금의 모습보다 미래의 가치 성장 가능성이 더 중요하다.

미래가치를 결정하는 요소들은 어떤 것들이 있는지 알아보자.

역세권, 학군, 학교, 편의시설, 대단지, 브랜드, 입주 연도, 동, 층, 라인 등 눈에 보이는 현재가치는 이미 가격에 반영되어 있다. 누가 이런 매물을 구해달라고 요청한다고 가정해보자. "저는 지하철 2호선이나 9호선 역세권에 학군도 좋아야 하고, 초등학교가 가까이 있었으면 해요. 고급 커뮤니티와 편의시설도 잘 갖춰지면 좋겠네요. 그리고 래미안, 자이, 힐스테이트, 푸르지오 같은 브랜드에다 입주 5년 이내 새 아파트면 좋겠어요. 이왕이면 한강 조망도 나오면 더 좋겠네요." 이 요구조건을 모두 만족하는 아파트는 가격이 높을 뿐, 당연히 있다. 매매가 30억 원 이상을 감당할 수 있으면 당장 추천할 수도 있다. 하지만 주택구매를 고려하는 대부분은 현실이 그렇지 못하다. 내가 감당할 수 있는 자금계획 범위 내에서 원하는 조건의 우선순위 1, 2, 3 순으로 정하는 것이 상책이다.

실제 지하철역이 없어서 고민이라는 분을 만났었는데 이렇게 조언했다. "만약 지하철역이 있었다면 지금 그 가격에 살 수 없습니다. 당연히 현재가치가 더 올라가겠지요." 오히려 지금은 지하철역이 없어서 이정도 현재가치가 형성되어 있는데 향후 혹시라도 지하철역이 생기면 가치는 올라간다. 지하철역 소문이 나도 오르고, 발표되면 더 오르고, 착공에 들어가면 더 올라간다. 이것이 미래가치의 힘이다. 미래가치는 현재 가격이 반영된 현재가치에서 각종 호재 등으로 향후 가치가 더 상승할 수 있는 가치다.

대표적인 개발 호재는 바로 지하철과 재건축·재개발 등 지역개발이다. 앞서 사례로 설명했듯이 이미 개통이 된 지하철은 현재가치이지만 향후 개통이 예정된 지하철은 미래가치다. 그래서 지하철 연장이나 신설노선은 대표적인 개발 호재이자 미래가치다. 특히 골드라인 지하철노선이라면 황금알을 낳는 것과 마찬가지다. 서울 수도권의 신설 또는 연장예정인 지하철노선 중에도 골드라인 지하철역 인근 지역의 아파트는 놓쳐서는 안 되는 기회다.

이미 서울 수도권의 경우 촘촘하게 지하철노선이 연결되어 있지만, 여전히 연장과 신설노선이 추가되고 있다. 골드라인으로 분류되는 9호선은 현재 보훈병원역에서 강동구 고덕까지 연장될 계획이며 향후 하남 미사강변도시까지 연장 가능성이 있다. 강남에서 광교까지 연결되었던 신분당선은 신사까지 연장되었고 향후 북쪽으로는 용산과 남쪽으로는 수원 화서, 호매실까지 연장될 계획이다. 그 외 지하철 5호선은 김포한강신도시로, 지하철 8호선은 남양주 별내까지 연장되는 등 기존

지하철노선은 연장을 통해 확장하고 있다. 그리고 새로운 골드라인으로 떠오른 GTX에 주목해야 한다. GTX A, B, C노선은 이미 착공에 들어갔거나 착공 예정이며, 윤석열 대통령의 공약인 A, C노선 연장과 D, E, F 노선 신설도 추진하고 있지만 아무래도 시간은 오래 걸릴 것이다.

<그림3-5-1> GTX 노선도

<출처: 국토교통부>

이렇듯 없던 지하철이 연장이나 신설로 새롭게 생기면 최고의 개발 호재가 되면서 집값이 상승한다. 지하철 호재는 이론적으로 발표, 착공, 완공 시점에 가치반영이 되지만, 현실에서는 소문과 발표, 착공단계에서 오르고 특히 착공단계에서 가장 많이 상승한다. 막상 완공하면 미래가치가 현재가치로 전환되면서 이미 상당 부분 선반영이 되었기에 기대보다 크게 오르지는 않는다. 지하철 신설에는 예비타당성조사 등

이런저런 준비에 10년 이상 오랜 시간이 필요하고 추진하다가 무산되는 경우도 많다. 실제로 착공되고 펜스가 올라가야 사람들이 이제 진짜 지하철이 생긴다고 생각하며 투자수요가 유입되고 가격이 올라간다. 소문 단계에서 투자할 경우 잘되면 높은 시세차익을 얻을 수 있지만, 자칫 너무 긴 시간과 싸울 수 있어서 웬만하면 소문보다는 발표 직후나 착공 전에 투자하는 것이 최선이다.

지하철보다는 못하지만 없던 도로가 만들어지면서 교통여건이 개선되어 가치상승에 도움이 되는 예도 있다. 터널개통으로 강남과 이수를 쉽게 오갈 수 있게 되면서 이수 지역에 큰 호재가 되었던 서리풀터널(정보사터널, 장재터널로 불리다가 최종 서리풀터널로 확정)이 대표적인 도로 신설을 통한 미래가치 사례다. 또한 재건축·재개발, 신도시개발 등 각종 지역개발사업을 통해 새로운 모습으로 변신을 하는 것 또한 미래가치의 중요한 요소다. 이미 개발이 완료된 서울, 대구, 부산 등 대도시는 재건축·재개발 등 도시정비사업 위주로, 나머지 수도권이나 지방은 신도시 등 대규모 택지개발사업이 주로 진행된다.

서울의 경우에는 낙후된 구도심의 정비가 도시계획 차원에서 필요하기도 하고, 노후화된 아파트를 새 아파트로 재개발하지 않으면 신규 아파트 공급이 현실적으로 어렵다. 그 때문에 재건축·재개발 사업은 서울에서 가장 중요한 개발 호재가 되기도 한다. 입지나 교통, 교육, 편의시설 등 모든 현재가치가 잘 갖춰진 노후 아파트나 주거지역이 재건축·재개발을 통해 새롭게 거듭나면 가치가 크게 상승할 뿐만 아니라 주변 아파트 가격까지 동반 상승하기 때문이다. 특히 규모가 큰 대규모 재건축·재개발 사업은 새로운 도시 하나가 탄생하는 것과 같은 효과가 생기기도 한다.

2008년 잠실주공1~4단지와 잠실시영아파트를 재건축한 엘스, 리센츠, 트리지움, 레이크팰리스, 파크리오가 생기며 2만여 세대 규모의 미니 신도시로 거듭나 잠실을 중심으로 한 송파구가 강남3구가 되었다. 반포나 대치, 개포 역시 재건축사업으로 강남에서도 최고 부촌의 주거단지가 되었고, 아현 뉴타운과 북아현 뉴타운, 공덕 일대 마포와 동작구 흑석 뉴타운·노량진 뉴타운, 성동구 옥수동·금호동 등은 재개발 사업을 통해서 신흥 부촌으로 거듭났다. 2022년 말 방영하여 큰 인기를 끌었던 드라마 '재벌 집 막내아들'의 주인공 '진도준'이 부자가 된 계기인 분당신도시를 비롯하여 일산, 평촌, 중동, 산본 1기 신도시와 판교, 광교, 동탄 등 2기 신도시는 시골 마을에서 강남을 제외한 서울과 버금가는 신흥 부촌이 되면서 아파트 가치는 크게 상승하였다.

재건축·재개발이나 신도시 개발사업 이외에도 서울 용산 민족공원 개발이나 잠실 롯데타워 같은 대규모 개발사업으로 지역 전체가 새롭게 거듭나기도 한다. 강남역 부근 롯데 칠성부지나 남부터미널, SETEC, 코원에너지 부지는 미래가치가 확실한 알짜부지로 기대가 높다.

06 내재가치의 숨은 진주를 찾아라

내재가치는 눈에 보이지 않는 숨은 진주다.

특히 재건축, 재개발을 기대하는 부동산에 투자할 경우 내재가치 확인은 더욱 중요하다.

"다 허물어져 가는 개포주공 5층 아파트의 가격이 왜 이렇게 비쌀까요?"

내재가치를 모른다면 이런 질문을 할 것이다. 내재가치는 땅의 가치다. 토지의 영속성은 토지의 가장 중요한 특성으로 시간이 지날수록 감가상각이 되어 가치가 떨어지는 건물과 달리, 토지의 가치는 오히려 시간이 지날수록 더 올라간다.

5장에서 알아본 미래가치의 재건축·재개발의 경우 정비사업이 진행되며 조합원이 보유한 종전 부동산은 감정평가를 통해 적정가치로 평가를 받는데 이를 '권리가액'이라 한다. 이런 권리가액에 따라 조합원들이 추가로 지불해야 할 추가분담금이 결정되는 만큼 가장 중요한 절차라 할 수 있다. 그리고 권리가액 산정을 위한 감정평가에서 가장 큰 비중을 차지하는 것은 토지의 가치와 대지지분이다. 노후화된 건물의 가치는 거의 인정받기 힘들고 대지지분, 즉 땅을 얼마나 가졌는지에 따라 조합원의 권리가액과 추가분담금이 결정된다.

눈으로 보기에는 비슷한 부동산처럼 보여도 내재가치는 천차만별이다. 특히 사용승인을 받은 후 20년 이상 지난 아파트를 구입할 때는 반드시 내재가치를 제대로 확인할 필요가 있겠다. 아파트의 내재가치를 확인하는 방법은 대지지분, 용적률, 용도지역 3단계로 확인할 수 있다.

1) 대지지분

의외로 본인이 보유하고 있는 아파트의 대지지분을 모르는 사람들이 많다. 아파트는 겉으로 보기엔 콘크리트 건축물이지만 총 대지면적을 세대별 면적으로 비례하여 나눈 토지를 보유하고 있다. 아파트 등 공동주택이 보유한 토지를 대지지분이라 한다. "대지지분은 어디서 확인하나요? 부동산 앱을 봐도 알 수가 없네요?" 이렇게 물어보기도 하는데, 아파트의 대지지분은 등기부등본을 열람하면 확인할 수 있다.

아래 그림은 등기부등본의 표제부(전유부분의 건물의 표시)로 이 안의 대지권 비율이 대지지분이다. '344.4분의 19.956'이라는 것은 아파트 총 대지 344.4㎡ 중 내가 소유한 세대의 대지지분이 19.956㎡(6평)이라는 의미다. 대지지분은 많으면 많을수록 좋다. 내가 보유한 땅이 많다는 의미이니까, 향후 재건축사업에서 감정평가 금액이 높아져 추가분담금이 줄어들거나 오히려 환급도 받을 수 있다. 개포주공이 재건축되기 전 공급면적이 14평인데 대지지분이 16평으로 공급면적보다 대지지분이 더 많은 경우도 있었다. 이렇듯 재건축 아파트나 재개발 물건에 투자하는 경우 같은 값이면 대지지분이 많은 물건을 고르는 것이 좋다. 하지만 새 아파트의 경우 향후 30년간 재건축이 진행될 일은 없기에 대지지분을 그렇게 따질 필요는 없다.

<그림3-6-1> 등기부등본의 대지지분 예시

【 표 제 부 】 (전유부분의 건물의 표시)			
표시번호	접 수	건 물 번 호	건 물 내 역	등기원인 및 기타사항
1	2011년8월10일	제1층 제103호	철근콘크리트구조 41.09㎡	도면 제2011-■■호
(대지권의 표시)			
표시번호	대지권종류	대지권비율	등기원인 및 기타사항
1	1, 2 소유권대지권	344.4분의 19.956	2011년8월8일 대지권 2011년8월10일
2			별도등기 있음 1노사(을구 3번 근저당권 설정등기) 2노사(을구 3번 근저당권 설정등기)을구 4번 근저당권 설정등기) 2011년8월10일
3			2번 별도등기 말소 2011년10월26일

<출처: 네이버>

2) 용적률

용적률은 땅 위에 건물을 얼마나 높이 많이 지을 수 있느냐에 관한 기준이고, 건폐율은 땅의 면적 중 얼마를 사용하고 얼마는 사용할 수 없느냐에 관한 기준이다. 예를 들어 면적이 330㎡(100평)인 땅(대지)의 용적률이 200%라면 연 면적 660㎡(200평)인 건물을 지을 수 있고, 건폐율이 60%라면 땅 면적의 60%인 198㎡(60평)만 사용해서 건물을 지을 수 있고 나머지 132㎡(40평)은 사용할 수 없다. 정리하면, 면적이 330㎡(100평)인 땅(대지)의 건폐율 60%, 용적률200%를 적용하면 바닥면적 198㎡(60평) 3층 건물을 짓거나 바닥면적 165㎡(50평) 4층 건물로 지을 수 있다.

왜 이렇게 건폐율과 용적률을 규제하는 걸까? 토지를 무분별하게 사용해 건물을 짓는다면 도시미관을 해치고 주거의 질이 떨어질 수 있기 때문이다. 생각해보라. 모든 아파트가 타워팰리스처럼 빽빽하게 지으면 답답해서 어떻게 살겠는가? 아파트 용적률이 높다는 것은 같은 땅의 면적이라도 세대 수가 많고 세대별 대지지분이 적다는 의미다. 그래서 입주 후 20년이 지난 노후 아파트에 투자하는 경우 용적률이 낮은 아파트를 고르는 것이 내재가치 측면에서 유리하다. 용적률이 낮으면 대지지분이 많고 향후 재건축사업 진행 시 감정평가 금액이 높아져 사업성이 개선되기 때문이다.

재건축 사업을 할 때는 높게 많이 지어야 하기에 인허가권을 가진 지자체로부터 용적률을 높게 적용받으면 사업성이 좋아져 유리하지만, 재건축을 기대하고 기존 아파트를 구매할 때에는 용적률이 낮으면 낮을수록 좋다. 현재 용적률이 100%고 재건축 시 250%를 적용받는다면 늘어나는 용적률인 150%만큼 일반분양 물량을 늘릴 수 있어 사업성이 높아지기 때문이다. 개포주공이나 둔촌주공이 재건축되기 전 5층 저층 아파트였을 때 용적률은 80% 정도로 매우 낮았고, 목동 신시가지 1단지~14단지 아파트의 용적률은 110%~150% 정도여서 중층 아파트로서 좋은 내재가치를 가지고 있었다. 용적률을 확인하는 방법은 건축물대장이나 각 지자체에서 운영하는 부동산정보 통합 열람을 확인해도 되지만 〈네이버부동산〉이나 〈직방〉, 〈호갱노노〉, 〈아실〉, 〈부동산 R114〉 등 부동산포털이나 앱에서도 쉽게 확인할 수 있다. 필자는 아파트 정보를 확인할 때 동과 세대 수, 사용승인 연도, 용적률은 반드시 확인한다.

3) 용도지역

현재 용적률이 낮을수록 좋다고 하였는데 용적률과 함께 하나 더 확인하여야 하는 것이 있다. 바로 용도지역이다. 우리나라의 토지는 용도지역이라는 토지별 용도가 정해져 있고 이렇게 정해진 용도에 따라서 건폐율과 용적률이 적용된다. 도시지역의 경우에는 주거지역, 상업지역, 공업지역, 녹지지역으로 나누어지며 각 용도지역에 따라 건폐율, 용적률 등의 건축 제한 규제가 다르다.

만약 투자하려는 아파트의 용적률이 300%여서 실망했는데 용도지역을 확인해서 상업지역이라면 완전히 달라진다. 상업지역의 용적률은 건축법상 900%에서 최대 1,500%까지 받을 수 있으므로 현재 용적률이 300%라도 내재가치가 매우 좋다고 할 수 있다. 그래서 모든 재건축·재개발 사업지는 용도지역을 상향 받기 위하여 각고의 노력을 기울이고 있다. 내재가치가 한 단계 위로 바뀔 수 있기 때문이다. 용도지역은 아래 그림과 같이 토지e음(http://www.eum.go.kr/)의 토지이용계획이나 각 지자체 부동산 종합 정보(서울은 서울시부동산정보광장)에서 확인할 수 있다. 용도지역은 부동산 투자의 중요한 기본지식인 만큼 '부동산 POINT 3. 용도지역이란'에서 상세히 설명하도록 하겠다.

앞으로 3년, 무조건 올라가는 곳 알려드립니다

\<그림3-6-2\> 토지이용계획 열람 방법

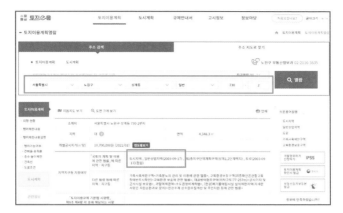

\<출처: 토지e음\>

재건축·재개발 아파트는 이렇게

아파트 투자의 꽃은 재건축·재개발 정비사업이다.

성공적인 정비사업 투자를 원하면 일반 아파트보다 더 많은 노력과 노하우
가 필요하다.

아파트 투자의 꽃은 재건축·재개발 정비사업이다. 2013년 다 무너
져가는 가락시영 아파트를 보고 도대체 이런 아파트가 왜 이렇게 비싼
것인지 이해가 되지 않는다던 사람이 생각난다. 당연히 눈으로만 보면
이해가 안 될 수도 있다. 녹물이 나오고 외벽에 금이 간 다 허물어져 가
는 5층 아파트가 주변 아파트보다 더 비싸게 거래되니까 말이다. 하지
만 6장에서 배웠던 내재가치를 한 번 더 생각해보면 진짜 가치를 알 수
있다. 겉모습은 다 허물어져 가는 노후 아파트지만 용적률이 80%로 낮
고 대지지분이 많아 내재가치가 높은 만큼 사업성이 좋았다.

바로 이 아파트가 지금 강남3구 송파의 대표 아파트인 헬리오시티
(84개 동 9,510세대, 2018년 12월 사용승인, 용적률 285%)다. 2013년에 전용 84㎡를 배
정받을 수 있던 조합원 물건의 가격은 약 6억 원 정도였다. 그리고 헬리
오시티의 전용 84㎡는 2021년에 최고가 23억8,000만 원까지 거래되었

다. 무너져가지만 좋은 내재가치를 가진 노후 아파트가 재건축 정비사업을 통해 완전히 새로운 랜드마크로 다시 탄생한 것이다. 당시 필자의 말을 믿고 내재가치, 미래가치가 좋은 가락시영에 투자하신 분들은 일생일대의 기회를 잡았고 그렇지 못한 분은 두고두고 후회하고 있을 것이다.

이렇듯 재건축, 재개발 정비사업은 아파트 투자의 꽃이지만 모든 아파트나 주택이 다 꽃을 피울 수 있는 것은 아니다. 이번 장에서는 투자의 꽃을 활짝 피울 수 있는 미래가치가 높은 재건축·재개발 투자 노하우를 알아보자.

1) 현장 부동산 의견에 귀를 기울이자

재건축·재개발 투자에서 가장 큰 위험은 분쟁으로 사업 기간이 길어지는 것이다. 이런 위험을 최소화하기 위해 조합원 간 또는 조합과 시공사 간 분쟁이 있거나 분쟁 가능성이 있는 사업장은 피하는 것이 좋다. 하지만 투자를 위해 조합에 문의하면 항상 긍정적인 말만 한다. 그래도 이권 당사자의 말만 믿고 투자 결정을 하면 안 된다. 조합에서 하는 말은 모든 일이 잘 풀린 최선의 경우 정도로 이해하는 것이 좋고, 현장 부동산중개소의 의견을 반드시 들어봐야 한다. 현장에서 오랜 기간 중개를 했던 부동산 사장님보다 해당 아파트에 대하여 더 많이 알고 있는 전문가는 없다.

사업추진이 제대로 되고 있는지, 조합원 간 또는 시공사 간 분쟁이나 분쟁의 불씨가 있는지, 진행 중인 소송은 없는지 등 문제가 될 만한 정보를 묻는 것이 좋다. 다만 현장에서 부동산업을 하시는 공인중개사 분들은 각자 가치관과 이해관계에 따라 생각이나 의견이 다를 수 있어서 한 곳보다 2곳~3곳 정도 방문해서 의견수렴을 하는 것이 좋다, 가능하다면 1km 이상 떨어진 다른 구역에서 영업하는 부동산 사장님의 의견도 들어보자. 이렇게 여러 사람의 의견을 듣고 정리를 하면 타당성 판단에 상당히 도움이 된다.

2) 대지지분은 클수록 좋다

대지지분은 내가 보유하고 있는 재건축·재개발 물건에 할당된 땅이다. 표준화된 아파트를 정비하는 재건축사업과 달리 빌라, 단독주택 등 여러 형태의 부동산이 혼재된 재개발 사업은 각 물건에 따라 대지지분과 가치가 천차만별이다. 재건축보다 재개발투자에서 이런 대지지분은 더욱 중요한 판단 기준이 되는데, 대지지분은 많으면 많을수록 좋다. 재개발 구역의 경우 오래되고 노후도가 심한 주택들이 밀집해 있는 경우가 많다. 30년~40년이면 감가상각이 되어 건물의 가치는 거의 없어져 감정평가 금액이 낮지만, 땅의 가치는 영속적이어서 해당 재개발 물건의 감정평가에서 가장 중요한 요소다. 겉모습은 비슷하지만 각 물건 당 대지지분은 다를 수 있기에 같은 값이면 대지지분이 많은 물건이 유리하다.

3) 감정평가액이 높을수록 좋다

감정평가액이 많이 나오는 물건이 당연히 좋다. 감정평가액은 감정평가사 2인 이상이 평가한 금액의 평균으로 정해진다. 물론 대지지분이 높으면 감정평가액이 높게 나오지만, 대지지분 외에도 감정평가액에 영향을 주는 요소들이 있다. 건물의 구조, 건축 연도, 교통, 주변 환경, 편의시설, 공시지가, 도로 접근성, 대지 모양 등 요인에 따라서 대지지분이 같더라도 감정평가액이 더 높게 나올 수 있다. 특히 재개발투자시 반드시 임장을 통해 현장의 물건을 두 눈과 두 다리로 확인하는 것이 좋겠다. 대지지분이나 건축 연도, 공시지가는 인터넷으로 쉽게 확인할 수 있지만, 건물의 구조나 주변 환경, 접근성, 대지 모양 등은 반드시 현장에서 확인이 필요하기 때문이다.

4) 비례율도 중요하다

내가 보유한 재건축-재개발 물건의 가치는 결국 권리가액으로 결정된다. 사업시행계획인가 이후 권리가액(종전 자산 감정평가액 x 비례율)을 기준으로 조합원 분양권의 면적을 배정받기 때문이다. 비례율은 정비사업에 따른 개발이익 비율로 관리처분계획인가 시점에 확정이 되며 조합원 모두 동일하게 적용된다. 예를 들어 빌라 한 채를 5억 원으로 구매하였는데 감정평가액이 4억 원이 나왔고, 비례율로 110%를 적용받으면 나의 권리가액은 4억4,000만 원(4억 원 x 110%)이 된다. 정비사업 조합에서 내 물건의 가치를 4억4,000만 원으로 인정해준다는 의미며, 전용면적이 59㎡인 아파트를 받을 수 있는 조합원분양가가 5억 원이라면 그 차이인 6,000만 원이 추가분담금이 되는 것이다.

비례율은 일반적으로 관리처분계획단계에서 확정되지만, 사유지 비율이 높은 구역이나 사업면적에 비해 조합원 수와 세입자 수가 적은 구역, 건축비가 적은 구역 등은 비례율이 높게 나오는 경향이 있다. 사유지 비율이 높으면 그만큼 국, 공유지 매입에 들어가는 돈이 줄어들고 조합원 수나 세입자 수가 적으면 일반분양이 많아지고 임대물량이 줄어들기 때문에 비례율이 높아질 수 있다. 다만 요즘은 조합에서 세금 등의 문제로 비례율을 높이려고 하지 않아서 100%를 조금 웃도는 수준에서 결정되는 경우가 많고, 막상 현장에 가보면 감정평가도 잘 나오고 비례율이 높은 물건을 고르는 것이 생각처럼 쉽지는 않다.

5) 종(種) 세분화를 확인하자

정비사업이 아직 본격적으로 진행되지 않았거나 초기 단계라면 용도지역을 확인하는 것도 사업성 판단에 도움이 된다. 일반주거지역 종 세분화는 무분별한 고층개발을 막기 위해 일반주거지역을 1종, 2종, 3종으로 나누고 종별로 용적률과 층수를 달리 적용하고 있다. 이 제도에 따라 건물의 형태, 용적률, 층수가 결정되고 용적률과 층수는 조합원 수와 건립세대에 직접적인 영향을 준다. 같은 일반주거지역이라도 1종보다는 2종이, 2종보다는 3종이 건립세대수가 많다.

하지만 이런 종은 이미 가격에 반영된 경우가 많다. 또 가끔 1종인데 2종 또는 3종으로 또는 용적률을 500%까지 받을 수 있는 준주거지역으로 종 상향될 수 있으니 지금 당장 투자해야 한다고 부추기는 경우가 있는데, 특별한 경우가 아니면 종 상향은 쉽지 않기 때문에 근거

없는 이런 미끼에는 주의가 필요하다. 용도지역 종 세분화에 대해서는 '부동산 POINT 3. 용도지역이란'에서 상세히 설명하겠다.

종 세분화

일반주거지역	설명	용적률	
		건축법	서울시조례
제1종	저층주택 중심의 편리한 주거환경 조성이 필요한 지역	200%	150%
제2종	중층주택 중심의 편리한 주거환경 조성이 필요한 지역	250%	200%
제3종	고층주택 중심으로 편리한 주거환경 조성이 필요한 지역	300%	250%

6) 조합원 수가 중요하다

정비사업의 사업성은 어떨까. 건립세대 수가 조합원 수보다 많을수록 일반분양이 늘어나 수익은 커지고 조합원 부담은 줄어드는 구조다. 조합원 수가 많으면 일반분양 수가 줄어들어 사업성이 떨어져, 사업의 진행이 어려워지거나 건립세대 수가 부족하여 일부 조합원은 현금청산 되는 경우도 발생한다. 지분 쪼개기를 통하여 조합원 수가 급격하게 늘어난 사업장은 피해야 하는 이유다.

참고로 지분 쪼개기는 재개발 구역 내 단독주택을 매입하여 다세대로 신축 후 지분을 쪼개서 조합원 수를 늘리는 편법으로, 늘어난 조합원 수만큼 사업성이 악화하고 노후화 요건이 하락하면서 재개발 사업성이 떨어지고 사업 자체가 불투명해지는 문제가 생긴다. 그래서 서울시는 지분 쪼개기를 엄격하게 규제하고 있다. 또 특정 시점(권리산정기준일) 이후 지분 쪼개기를 하면 하나의 분양대상만 인정한다.

7) 같은 가격이라면 건물상태가 좋을수록 좋다

비슷한 가격과 조건이라면 조금이라도 건물상태가 양호한 곳을 선택하는 것이 좋다. 정비사업은 오랜 기간 시간과 싸워야 하는 장기투자다. 그래서 건물상태가 조금이라도 양호하면 철거 전까지 전셋값이나 월세 대금을 조금 더 높은 가격으로 받을 수 있다. 이렇게 얻은 높은 임대대금으로 초기투자금을 더 많이 줄일 수 있고, 양호한 상태로 세입자를 구하기도 편하며 하자 수리 부담도 줄일 수 있어서 좋다. 반면 건물상태가 나쁠수록 초기 투자금액이 늘어나면서 긴 시간 동안 내 투자금이 묶일 것이다. 결국, 시간이 흐를수록 부담이 늘어난다.

또 전셋값이 낮아 투자금이 많아지면 향후 매도 시 매수자를 찾기도 어렵다. 같은 조건이면 투자금이 적게 들어가는 물건이 먼저 잘 팔리는 것은 당연한 노릇이다. 다만 재개발 초기 단계로 신규주택이 갑자기 많이 늘어나 노후도 요건에 문제가 발생할 가능성이 있는 사업장이라면 제대로 진행이 안 될 수도 있어서 피하는 것이 좋다.

8) 무허가건물 매입은 잘 따져보아야 한다

무허가건물도 재개발 입주권이 나오긴 한다. 하지만 무조건 그런 건 아니다. 무허가건물(국가 소유나 공공기관의 땅에 무허가로 지어 놓은 건물 가운데 무허가건축물관리대장에 기재된 건물의 소유권)의 국·공유지는 점유권을 인정받을 수 있지만, 반드시 무허가건물대장에 등재가 되어 있어야 한다.

　국·공유지를 매입했다면 반드시 별도로 구청의 무허가 매입신고를 한 후 건물대장의 명의를 변경해야 하며 재개발 조합을 방문하여 조합원 명의변경을 해야 한다. 무허가건물 매입 시에는 전문가의 도움을 받거나 재개발 전문 부동산을 통해서 꼼꼼하게 체크를 하면서 진행하는 것이 좋겠다.

08 아파트 청약 노하우

아파트 청약은 전략이다.

청약 노하우부터 평면구조, 옵션선택까지 알아보도록 하자.

1) 특별공급과 일반공급 동시 활용

분양물량 중 신혼부부, 생애최초, 청년, 다자녀, 노부모 등 특별한 자격요건이 되는 분들에게 배정되는 특별공급은 할 수 있다면 최대한 활용하는 것이 좋다. 결혼 7년 이내 자녀가 있는 신혼부부는 신혼부부 특별공급을 선택하는 것이 좋겠고, 신혼부부도 아니고 자녀도 없는데 지금까지 한 번도 주택을 구매하지 않은 분이라면 생애최초 특별공급, 결혼을 한지 7년은 지난 자녀가 3명 이상인 분은 다자녀 특별공급, 만 65세 이상 노부모를 봉양하고 있다면 노부모 봉양 특별공급, 만39세 이하 청년이고 생애최초나 신혼부부 대상이 아니라면 청년 특별공급을 선택하는 것이 좋다.

한번 당첨이 되면 다시 사용할 수 없는 카드인 만큼 '설마' 하는 마음에 아무 곳이나 청약하지 말고 입지나 주변 환경, 분양가 등을 충분히 따져보고 타당성을 확인한 후 도전하도록 하자. 특별공급 물량을 제외한 나머지는 일반공급으로 진행되는데 특별공급물량을 청약했더라도 일반공급 중복청약이 되기 때문에 특별공급과 일반공급 모두 청약하는 것이 유리하다. 만약 두 가지 모두 당첨이 되면 어떻게 하냐고? 걱정할 필요가 없다. 특별공급 당첨은 인정되고 일반공급 당첨은 자동으로 부적격 처리된다. 하지만 부부가 동시에 청약하는 경우라면 투기과열지구에서는 모두 부적격 처리가 되며, 당첨자 발표일이 같은 다른 단지에 각각 청약하는 경우도 부적격으로 처리된다.

2) 미리 청약 경쟁력을 만들자

공공분양의 경우에는 청약통장의 납부금이 많을수록 유리하고, 민간분양의 경우에는 무주택기간, 통장 가입 기간, 부양가족으로 청약 가점점수(84점 만점)가 높을수록 유리하다. 공공분양 시 매월 10만 원까지 인정되기 때문에 당장 필요가 없더라도 청약통장은 매월 10만 원씩 꾸준히 내는 것이 좋다. 청약 가점점수의 경우 무주택기간과 통장 가입 기간은 매년 점수가 늘어나는 구조여서 노력한다고 점수를 늘릴 수 없지만, 부양가족은 배우자나 자녀, 부모 외 배우자 부모를 주민등록에 3년 이상 올리면 인정받을 수 있어 노력을 통해 점수를 더 높일 수 있다.

3) 거주자우선제도를 활용하면 당첨확률이 높아진다.

거주자우선제도는 청약 해당 지역의 거주자에게 우선권을 주는 제도다. 서울시는 대부분 100% 서울시 거주자에게 우선 공급이 되며, 경기도의 대규모 택지지구인 신도시의 경우 해당 지역 거주자에게 30%를 우선 공급, 20%를 해당 지역 및 경기도민에게, 나머지 50%를 경기도민 포함 수도권 거주자에게 공급하고 있다. 예를 들어 3기 신도시인 고양 창릉지구의 경우 30%의 물량은 고양시 거주자에게, 20%는 고양시와 경기도민에게, 나머지 50%는 고양시, 경기도, 인천, 서울시 거주자에게 기회가 돌아가기 때문에 고양시 거주자의 당첨 가능성이 커지는 것이다. 투기과열지구는 1년 이상 거주해야 하고 신도시는 지자체에서 정하는데 통상적으로 1년 이상 거주하면 되므로 청약하고자 하는 지역에 가능한 한 빨리 전입신고를 하는 것이 좋다. 상세한 내용은 반드시 각 청약아파트의 입주자모집공고의 내용을 확인해보기 바란다.

4) 인기 단지나 인기 면적은 피하는 것이 좋다

입지가 좋거나 분양가가 낮아서 많은 수요자가 몰릴 것으로 예상하거나, 특별공급 경쟁률이 상당히 높게 나와 일반공급 경쟁률 역시 높을 것으로 예상되는 단지의 경우 경쟁률이 높은 면적이나 타입은 피하는 것이 좋다. 참고로 전용면적 84㎡이나 59㎡에 판상형 4-bay 구조가 시장에서 가장 인기가 많다는 것을 알아뒀으면 한다. 그림의 떡보다는 내가 먹을 수 있는 떡이 훨씬 더 가치 있다. 입지부터 주변 환경, 분양가, 면적, 평면구조까지 전부 마음에 들면 좋겠지만 당첨 가능성이 작을 것 같다면 면적과 평면구조는 선호도가 낮은 타입을 선택하는 것도 전략이다.

5) 꾸준한 도전만이 성공의 지름길

한번 청약에 도전해서 떨어졌다고 '난 안 되는구나,' 이렇게 생각하는 이들이 의외로 많다. 인기 지역의 청약은 경쟁률이 높은 만큼 가산점이나 다른 부가사항이 뒤따라주지 않으면 당첨 가능성도 작다. 당연히 당첨되지 않을 가능성이 더 큰 만큼, 특정 아파트 하나만 청약해놓고 오매불망 기다리기보다는 내가 원하는 조건의 괜찮은 아파트가 청약대상으로 나올 때마다 꾸준히 청약에 도전하는 것이 좋다.

6) 초보자가 잘 고려하지 않는 숨은 옵션

—아파트 평면구조

앞서 말한 것처럼 아파트 평면구조는 판상형 4-bay 구조가 가장 인기가 높다. 아래 그림과 같이 일자형으로 배치된 판상형 구조는 채광이 좋아 일조량이 풍부하고, 거실과 주방 창문을 열면 맞바람이 치면서 통풍도 원활하다. 자연스럽게 곰팡이의 주범인 결로현상도 예방할 수 있다. 또 현관문에서 작은방 거실과 주방, 안방으로 이어지는 자연스러운 동선도 갖추고 있어 선호도가 가장 높은 평면구조다.

화장실

주방

화장실
드레스 룸

방3

방2

거실

방1

맞바람 통풍

―아파트 옵션선택

아파트 분양을 위해 청약할 때 청약자 대부분은 면적과 평면구조를 신중히 선택하는 반면 옵션선택은 큰 고민 없이 쉽게 결정하는 경우가 많다. 옵션을 고르면 괜히 돈만 더 나가는 것 같고, 매도할 때 옵션에 들어간 돈을 온전히 인정받을 수 없어서 망설이기도 한다. 하지만 분양 옵션에는 반드시 선택해야 하는 필수옵션과 선택하지 않아도 무방한 옵션이 분명히 있다.

발코니 확장과 천장형 에어컨은 반드시 선택해야 한다. 특히 발코니 확장은 대부분 선호하기 때문에 선택하지 않는다면 향후 매도 시 우선순위에서 밀릴 수 있고, 입주 후 별도로 확장공사를 하면 일도 번거롭고 하자가 발생할 가능성도 커진다. 천장형 에어컨도 마찬가지다. 혹시 비싸서 망설여진다면 입주 사전점검 시 공동구매를 통해 설치하는 것도 효과적이다.

나머지는 개인의 취향에 따라 선택하면 되는데, 입주 전에 직접 내부장식을 할 계획이 있다면 그 비용을 분양가에서 빼주는 마이너스 옵션을 선택한 후 취향에 맞춰서 시공하면 된다. 그리고 붙박이 가전은 입주를 기다리는 동안 유행이 지날 수 있다는 위험이 있다. 또 외형은 예쁘지만, 특성상 저장공간이 부족하다는 단점도 있어 웬만하면 권하지 않는다.

아파트 옵션 우선순위

구분	옵션	비고
필수	발코니 확장	반드시 하는 것이 좋음
	천장형 에어컨	
추천	현관 중문	웬만하면 하는 것이 좋음
	방진안전망	
	붙막이장	
	마이너스 옵션	풀 인테리어 공사 시에만 선택
취향	알파룸, 팬트리	개인 취향
	빌트인 가전	
	고급 마감재	

09 집 잘 사기

사전조사, 임장, 현장부동산 방문, 집 보러 갈 때, 계약할 때, 중개보수까지 집 잘 사기 위한 노하우를 알려드립니다.

이번 장에서는 집을 구매하고 계약할 때 실수하지 않고 가장 바람직한 선택을 하기 위한 노하우를 알려드리고자 한다. 그 전 과정을 열심히 준비해서 훌륭히 마쳤지만, 천려일실의 낭패로 지금까지의 노력이 물거품 되지 않도록 마지막까지 주의해야 한다. 지금부터 실질적으로 내 집 마련을 잘하는 방법을 하나씩 따라가 보자.

1) 사전 조사

무작정 현장으로 달려가지 말고 인터넷으로 최대한 사전 조사를 꼼꼼히 하는 것이 좋다. IT 강국 대한민국의 인터넷 인프라를 이럴 때 활용하지 않으면 언제 한단 말인가? 우선 내가 원하는 아파트를 정해야 한다. 그리고 명확한 조건도 세워야 한다. 앞에서도 말한 바 있지만, 내가 원하는 모든 조건을 갖춘 아파트는 분명히 존재한다. 하지만 내가 구매 가능한 선에서 가장 나은 매물을 찾는 것이 중요하다.

앞으로 3년, 무조건 올라가는 곳 알려드립니다

모든 조건을 만족할 수 없다면 우선순위를 정해야 한다. 지역부터 교통 인프라, 학군, 편의시설, 단지 규모, 브랜드, 신축, 재건축·재개발 기대감, 개발 호재 등 여러 요소 중 세 가지 정도의 목표를 잡고, 내가 가진 자금계획 범위 안에서 세 종류의 후보를 추려보자.

2) 임장

손으로 사전 조사를 했다면 임장은 현장에 나가서 발로 눈으로 확인하는 단계다. 인터넷으로 아무리 잘 확인했다 하더라도 막상 현장에 가보면 생각했던 것과 전혀 다른 느낌인 경우가 종종 있다. 그래서 인터넷으로 마음에 드는 물건을 찾았다면 반드시 현장에 가서 두 눈으로 확인해야 한다.

지하철과 학교, 편의시설까지 도보거리 확인은 필수다. 도보 5분 거리라는 광고를 봤어도 막상 실측을 해보면 7분, 심지어 10분 이상 걸리기도 한다. 아파트의 방향과 일조권도 반드시 확인해야 한다. 남향이라고 되어있는데 남향이 아니거나, 남향이지만 앞 동에 가려서 햇볕이 잘 들어오지 않아 채광이 나쁜 예도 있다. 실제로 자신의 집이 남향인 줄 알았는데, 매매할 때 동향임을 알고 2,000만 원을 깎아야 했다는 극단적인 경우도 볼 수 있었다. 본인의 확인 없이 업자의 말만 믿고 계약하고 전세를 주었기에 집을 팔 때까지 모른 것이다. 반면 그 집을 산 매수자는 시간을 들여 동향인 것을 확인했기에 2,000만 원이라는 큰돈을 깎을 수 있었다.

3) 부동산 방문

현장 전문가인 인근 부동산 방문은 필수다. 현업에 종사하는 부동산 사장님 모두 공인중개사 자격을 가지고 있지만, 성격과 능력은 천차만별이기 때문에 더 나은 분을 만나는 것이 중요하다. 또 인간관계는 상대성이 있어서 내가 어떻게 다가가는가에 따라 반응도 달라진다. 연인이나 친구를 만날 때도 첫인상이 중요하듯 현장의 부동산 사장님과 인연도 첫인상이 중요하다. 간단하게 문을 열고 들어갈 때 살짝 웃으면서 먼저 인사를 건네거나, 음료수나 커피를 한잔 사서 가는 것도 좋다. '내가 계약을 하면 중개보수를 주는데 왜 인사하고 음료수를 사야 하는 거야?' 이렇게 반문하는 이들도 있는데, 내가 정보를 원하고 도움도 받아야 하기에 먼저 다가가는 것이 맞다.

부동산 사장님들 대부분은 오랜 경험이 있어서 눈치만 봐도 정말 계약을 원하는 손님인지 아닌지 판단한다. 그래서 내가 필요한 정보를 얻기 위해서는 먼저 다가가야 한다. 함께 커피를 마시거나 이야기를 나누며 얼마간 분위기가 풀렸을 때 내가 원하는 정보에 구체적이고 간결하게 질문하는 것이 좋다. 그리고 이야기를 나누다 괜찮다는 느낌이 오면 다음에 계약하게 되면 여기서 진행하겠다는 말을 곁들이는 게 좋을 것이다. 하지만 문을 열고 들어갔는데 눈을 보지도 않고 건성으로 응대하거나 이야기를 나누는 도중 성의를 보이지 않는 부동산은 피해야 한다. 그곳에서 얻는 정보가 유용한지는 차치하고, 손님이 방문했는데 첫인사조차 제대로 하지 않는 부동산은 향후 더 큰 문제를 일으킬 수 있다. 하나를 보면 열을 아는 법이다.

그리고 현장의 부동산을 방문할 때 최대한 많은 정보를 얻겠다고 인근의 모든 부동산을 들르는 경우가 있는데 반드시 지양해야 한다. 만약 다섯 곳의 부동산을 방문해서 급매물을 찾았다면 모든 중개사가 1명의 급매물 주인한테 연락할 것이고, 다섯 건의 연락을 받은 집주인은 갑자기 많은 매수자가 나타난 줄 알고 호가를 올리거나 매물을 회수할 수 있기 때문이다. 그래서 확실한 매수 결정을 한 경우가 아니면 지나친 관심을 표하는 것도 바람직하지 않다.

4) 실측

임장과 부동산에서 충분히 정보를 얻고 이제 마음에 드는 집을 보러 가는 단계까지 왔다.

집을 보러 갈 때는 낮과 밤, 두 번에 걸쳐서 가는 것이 좋다. 그때마다 분위기가 다르고 채광이나 소음 등 자잘한 확인도 어렵기 때문이다. 만약 직장인이라면 퇴근 후 밤에 보러 가서 그 집이 마음에 들었다면 바로 결정하지 말고 다음 날 낮에 한 번 더 보고 결정하면 된다.

새 아파트라도 도배, 장판 등 내부장식 상태를 꼼꼼히 확인해야 하겠지만 10년 이상 오래된 집이라면 누수와 결로, 소음만은 제대로 확인해야 한다. 누수나 결로의 흔적을 확인하기 위해서는 발코니나 방 천장과 벽 상태를 확인할 필요가 있다. 세입자가 있다면 앞에서 말한 누수나 결로, 층간소음 등 중요한 점을 실거주하는 분에게 물어보는 것이 큰 도움이 된다.

혹시 짧은 기간 내에 재건축·재개발이 될 아파트나 주택이라면 어차피 멸실(滅失) 예정인 만큼 집 상태를 철저하게 확인할 필요는 없다. 철거가 얼마 남지 않은 상황인데 집 상태 때문에 목숨 걸고 싸우면서 계약을 하지 않는 때도 있지만, 집 상태도 상황을 보고 판단해야 한다.

5) 매수 계약은 이렇게

계약 직전의 마지막 고비는 '흥정'이다. 매수자는 최대한 가격을 깎으려 할 것이고, 매도자는 원래 조건을 고수하거나 오히려 가격을 더 올리려고 한다. 매수를 원하면 결심이 섰을 때 현장 부동산중개사한테 목표 금액을 제시하고, 현재 시장의 분위기에 따라 가격을 결정해야 한다. 집값이 오르는 매도자 우위 시장에서는 사실상 가격흥정이 힘들고 자칫 집주인이 호가를 더 올릴 위험도 있기에 먼저 선금을 걸고 계약을 진행하는 것이 좋다.

매매가가 내려가는 매수자 우위 시장이라면 가격조정을 요구할 수 있지만, 폭락장이 아니라면 무리한 요구보다 매도자가 수용할 수준인 매매가의 5% 이내 또는 5,000만 원 이내로 조정을 요구하는 것이 좋다. 보통은 이 정도로 요구하면 어느 정도 조율을 거쳐 3%나 3,000만 원 정도 수준에서 절충하는 경우가 많다. 계약 당일 추가 흥정으로 자그마한 이득을 거두고 싶더라도 절대 직접 요구하지 말고 부동산 사장님한테 미리 언급해두는 편이 좋다. 계약 당일 크지도 않은 금액으로 실랑이하다가 계약이 깨어지는 경우가 의외로 많다.

6) 중개보수 아까워하지 마라

중개수수료라 불리는 중개보수는 계약자로서는 참 아까운 돈이다. 하지만 현장의 부동산 사장님들은 그 계약을 위해서 광고도 많이 하고 수십 번 집을 보여주고 협상하고 조율하는 고생 끝에 수수료를 받는 것이다. 계약 외에도 도움을 받을 일이 꽤 많아서 어차피 줘야 하는 중개보수라면 기분 좋게 주고 서비스를 더 받는 것이 유리하다.

만약 거래할 물건이 9억 원 이상인데 중개보수율이 법정 상한인 0.9%(서울시 기준)거나 서비스가 마음에 들지 않는다면 계약 전에 협의로 조정할 수 있다. 하지만 매맷값을 흥정하거나 도움을 받아야 할 일이 있다면 중개보수를 깎기보다, 정가로 더 많은 서비스를 받자. 1,000만 원을 내려서 계약할 수도 있었건만 중개보수 100만 원을 아끼려다 기분만 상하고 가격조정 없이 계약한 예도 본 적이 있다. 오히려 2,000만 원을 조정해주면 중개보수로 500만 원을 더 주겠다고 하는 것이 더 현명한 선택일 수도 있다. 500만 원을 더 주는 것이 아니라 1,500만 원을 더 버는 것이니까 집을 잘 사는 것보다 더 중요한 것은 잘 파는 것이다.

집 잘 파는 노하우 이제부터 알아보자.

아파트 투자의 화룡점정(畫龍點睛)은 잘 파는 것이다. 집을 사서 가격이 오르면 구름 속을 걷는 것만 같고 마치 부자가 된 것 같은 기분이 들수 있다. 하지만 다시 생각해보면 달라진 것은 아무것도 없다. 투자의 결실은 실제로 매도를 하고 돈이 내 통장에 들어와야 한다. 5억 원에 샀던 아파트가 10억 원으로 올랐으나 결국 7억 원에 팔았다면, 최종 양도금액(7억 원)에서 최초 취득금액(5억 원)을 뺀 금액이 나의 투자수익(2억원)이다. 물론 대출이자와 취득세, 재산세, 종합부동산세, 양도세 등을제하면 실질 수익은 더 줄어든다. 사는 것보다 더 중요한 것은 파는 것이다. 이번 장에서는 집 잘 파는 노하우를 알아보도록 하자.

1) 팔아야 하는 상황인가?

무엇보다 먼저 스스로 물어보자. "내가 집을 왜 팔려고 하는 거지? 정말 팔아야 하는 상황인가?" 다주택자의 경우 부동산시장 상황에 따른 위험관리는 필수다. 이런 이유로 다주택자가 상대적으로 보유가치가 낮은 아파트를 매도하는 경우라면 당연히 팔아야 한다. 하지만 실거주 용도의 1주택 보유자가 단지 부동산시장 분위기의 침체로 집값이 더 하락할 것 같다고 불안해서 매도하는 것은 안된다. 더욱이 하나 있는 집을 팔고 현금을 보유했다가 집값이 더 내려가면 사겠다는 전략은 더더욱 반대한다. 팔고 떨어지면 산다, 이론적으로는 그럴듯하다. 하지만 현실은 그렇지 않다.

처음부터 무주택이라면 모르겠지만 집이 있다가 무주택이 되면 매우 불안하고 초조해지면서 집값 반등이라는 뉴스만 나와도 불안해진다. 결국, 조급한 마음에 잘못된 판단을 하는 경우가 많다. 1주택자는 더 좋은 상급지로 갈아타려는 목적이라든지 퇴직이나 치료 등 꼭 필요한 이유가 아니라면, 웬만해서 내 집 하나는 보험이라 생각하고 보유하는 것이 좋겠다.

2) 정확한 현장 파악이 우선이다

"집을 팔고 싶은데 잘 안 팔려요, 가격을 내릴까요?"

부동산시장의 침체가 이어지며 이렇게 묻는 이들이 늘었다. 가격을 내리면 당연히 팔리기 쉽다. 얼마나 내려야 하는지 모르는 것이 문제지만 말이다. 터무니없는 가격으로 판다면 누군가 사겠지만 자선사업가도 아니고 그렇게 팔고 싶은 집주인이 어디 있겠는가? 집을 팔기로 결심했다면 상황파악이 중요하다. 수요는 있는데 가격이 문제인지, 아니면 아예 수요가 없는지 정확히 알아야 한다.

수요가 있는데 가격이 문제라면 가격조정을 하면 된다. 그게 어렵거나 아쉽다면 내 집보다 더 저렴한 매물이 몇 개나 있는지 확인해보자. 내가 10억 원에 팔고 싶고 9억5,000만 원에 두 매물이 나와 있다면, 이 매물이 팔리는 순간 내 순서가 온다. 하지만 가격을 떠나 수요가 전혀 없는 상황이라면 가격조정도 의미가 없다. 물에 물고기가 없는데 나혼자 비싸고 좋은 미끼를 사용해서 무슨 의미가 있을까? 시장 분위기가 나쁘거나 주변 신규입주 물량이 많아서 우리 아파트를 사려는 매수자가 전혀 없는 상황이면 가격만 낮추는 것이 능사가 아니다. 내가 내 아파트 가치를 떨어뜨리는 결과가 발생할 수 있기 때문이다.

3) 매물등록은 전략적으로

빠르게 집을 팔기 위해서 여러 부동산에 등록하거나 심한 경우 인근 모든 부동산에 전부 등록하는 분들이 많은데 자충수에 가깝다. 이렇게 진행하면 심한 말로 누더기나 걸레 취급을 받는다. 내가 중개인이라면 독점으로 가지고 있는 매물에 더 신경을 쓸까, 혹은 다른 중개인들도 가지고 있는 매물에 더 신경을 쓰고 광고를 할까? 답은 정해져 있다. 어느 곳도 열심히 하지 않는다. 부동산 사장님들은 계약 성공률을 올리기 위해 선택과 집중을 할 수밖에 없어서 '이런 물건은 다른 부동산에서 하겠지'라는 마음에 크게 신경 쓰지 않는다. 매물을 내놓을 때는 잘하는 한 곳이나 두 곳 정도 부동산을 선별해서 독점으로 주는 편이 효과적이다.

앞으로 3년, 무조건 올라가는 곳 알려드립니다

4) 매물등록이 끝이 아니다

매물만 등록하고 나 몰라라 내버려 둘 것이 아니라 1주일 또는 2주일에 한 번씩은 전화해서 진행 상황을 확인하자. 부동산 중개인들은 조금이라도 신경을 더 쓰고 계속 자극을 주는 집주인의 매물에 더 신경을 쓸 수밖에 없다. 그리고 현장의 부동산 사장님과 아무리 친하더라도 필요한 정보 이외는 굳이 제공할 필요가 없다. 내가 알려준 정보가 불리한 결과로 돌아올 수 있기 때문이다. 예를 들어 남편이 미국에 발령이 나서 2달 후 출국해야 한다고 말하면, 부동산은 집을 사려고 온 손님한테 이 집은 2달 내로 팔아야 하는 집이어서 가격조정이 가능하다고 말할 것이다. 물론 가격조정을 각오하고 무조건 팔아야 한다면 가격 상관없이 팔아 달라고 해야 하지만, 그런 상황이 아니면 몇천만 원 또는 몇억 원 단위로 차이가 날 수 있다.

남편이 미국 발령을 받으면 무슨 상관인가, 한국에 남은 가족이나 친척이 대신 매도계약을 할 수도 있고 잔금 지급일에 맞춰서 잠깐 귀국할 수도 있다. 나도 예전 신혼 시절 회사발령으로 집을 빨리 팔아야 한다고 별생각 없이 말하는 바람에 엉겁결에 10%나 저렴하게 팔아야 했던 기억이 있다. 가격을 조정할 마음이 있으면 처음부터 말하지 말고, '매수자가 나타나면 이야기하라, 상황보고 판단하겠다'라고 여지를 남겨두면 된다. 처음부터 내 집의 가격을 떨어뜨리면 나중에 가격을 더 내려야 할 수도 있다. 매수자는 내가 내린 가격은 당연하게 생각하고 추가로 더 내려 달라고 요구하기 때문이다.

마지막으로 중개보수는 미리 협의하는 것은 좋으나 절대로 먼저 지급하면 안 된다. 사람 마음이 똑같아서 중개보수를 먼저 받으면 이상하게 조금은 신경을 덜 쓰게 된다. 중개보수를 먼저 달라는 요구가 있더라도 잔금 지급일에 주겠다고 말하자. 반드시 미리 주어야 하는 상황이더라도 절반을 미리 주고 나머지 절반은 일을 마무리하고 주도록 하자.

앞으로 3년, 무조건 올라가는 곳 알려드립니다

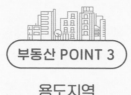

용도지역

6장 내재가치와 7장 종 상향에서 용도지역을 다뤘지만, 워낙 중요한 개념이고 알아 두면 도움이 되는 지식이기 때문에 조금 더 상세히 설명하고자 한다. 조선 시대에 신분제도가 있던 것처럼 토지에는 용도지역이라는 계급이 존재한다. 토지 위에 건물을 지을 때 가장 중요한 기준은 평면개념(2D)으로 토지면적을 얼마나 사용할 수 있는지 나타내는 '건폐율'과 입체개념(3D)으로 토지면적 대비 얼마나 높이 많이 지을 수 있는지 나타내는 '용적률'이다. 이 두 가지는 토지의 용도에 따라 결정된다. 같은 330㎡(100평) 땅이라도 용도지역에 따라 5층 10세대 원룸을 지을 수도 있고 10층 50세대 오피스텔을 지을 수도 있다.

용도지역은 크게 도시지역부터 관리지역, 농림지역, 자연환경보전지역으로 구분된다. 농사를 짓기 위해 보호하는 농지인 농림지역과 설악산처럼 자연보호를 해야 하는 자연환경보전지역은 개발이 어려운 땅인 만큼 넘어가고, 관리지역과 도시지역에 대하여 알아보자.

관리지역은 논, 밭, 과수원 같은 농지지만 보존해야 하는 농림지역과 달리 상황에 따라서 도시지역으로 편입이 예상되거나 개발의 여지가 있는 땅이다. 보존관리와 생산관리, 계획관리지역으로 나눌 수 있는데 계획관리 > 생산관리 > 보존관리지역 순으로 좋다. 아래 표에서 보듯이 계획관리지역의 건폐율은 40%, 용적률은 100%로 도시지역을 제외한 다른 어떤 용도지역보다 높다. 단순히 건폐율이나 용적률이 조금 높다고 해서 좋다는 것이 아니라, 각 지자체의 개발계획에 따라 도시지역 편입이 가장 유력한 토지이기 때문에 좋다는 것이다.

도시지역은 주거지역, 상업지역, 공업지역, 녹지지역으로 구분이 된다. 녹지지역은 도시지역 내 개발보다 휴식을 줄 수 있는 공원 같은 녹지로 자연녹지 > 생산녹지 > 보존녹지 순으로 좋다. 보통 자연이 들어가면 보존의미로 좋지 않지만, 녹지지역만큼은 자연녹지의 개발 가능성이 가장 크다.

공업지역은 공장을 짓는 땅이니까 안 좋은 땅이라고 생각한다면 오산이다. 건폐율이나 용적률을 보면 준주거지역을 제외한 주거지역보다 더 좋은 땅이다. 마·용·성의 성수나 영등포에는 예전 공장이 많아서 공업지역 토지가 많아 가치가 높다. 공업지역은 준공업 > 일반공업 > 전용공업지역 순으로 좋다.

상업지역은 강남역사거리를 생각하면 이해가 쉽다. 삼성전자 건물까지는 상업지역이고 서쪽으로 더 가면 주거지역으로 건폐율이나 용적률이 낮아지면서 토지가격에 큰 차이가 있다. 진흥아파트나 롯데칠성부지가 주거지역이 아닌 상업지역이었다면 벌써 재건축이나 복합개발로 고층주상복합 또는 고층빌딩이 들어섰을 것이다. 상업지역은 중심상업 > 일반상업 > 유통상업 > 근린상업지역 순으로 좋다.

주택을 짓는 땅인 주거지역은 저층 주택만 짓는 전용주거지역과 아파트를 지을 수 있는 일반주거지역, 주택과 일부 업무시설을 지을 수 있는 준주거지역으로 구분이 되며, 일반주거지역은 다시 1종, 2종, 3종으로 나뉜다. 준주거 > 일반주거 > 전용주거지역 순으로 좋고, 일반주거지역은 3종 > 2종 > 1종 순으로 좋다. 용도지역이 상향조정 되면 개발용량이 커지면서 토지 가치가 급등하기 때문에 엄청난 호재가 될 수 있다. 그래서 특혜의혹이 터지기도 한다.

용도지역 종 세분화에 따른 건폐율, 용직률

용도지역		세부 용도지역	건폐율		용적률	
			시행령	서울시조례	시행령	서울시조례
도시지역	주거지역	제1종전용주거지역	50%	50%	100%	100%
		제2종전용주거지역	50%	40%	150%	120%
		제1종일반주거지역	60%	60%	200%	150%
		제2종일반주거지역	60%	60%	250%	200%
		제3종일반주거지역	50%	50%	300%	250%
		준주거지역	70%	60%	500%	400%
	상업지역	중심상업지역	90%	60%	1500%	1000% 사대문 안 800%
		일반상업지역	80%	60%	1300%	800% 사대문 안 600%
		유통상업지역	80%	60%	1100%	600% 사대문 안 500%
		근린상업지역	70%	60%	900%	600% 사대문 500%
	공업지역	전용공업지역	70%	60%	300%	200%
		일반공업지역	70%	60%	350%	200%
		준공업지역	70%	60%	400%	400%
	녹지지역	보전녹지지역	20%	20%	80%	50%
		생산녹지지역	20%	20%	100%	50%
		자연녹지지역	20%	20%	100%	50%
관리지역		보전관리지역	20%		80%	
		생산관리지역	20%		80%	
		계획관리지역	40%		100%	
농림지역			20%		80%	
자연환경보전지역			20%		80%	

앞으로 3년, 무조건 올라가는 곳 알려드립니다

부동산시장 흐름을 읽고 바닥의 시그널을 알았으며 아파트 투자 노하
우까지 살펴보았다면, 이제는 향후 바닥을 지나고 다가올 기회를 잡을
수 있는 실전 전략을 세워보자. 리스크 없는 투자는 없다. 모든 투자에
는 리스크가 따라오기 마련이며 바닥에 사서 꼭지에 팔겠다는 생각은
욕심이다. 부동산시장 흐름이 떨어진다고 또는 반등한다고 너무 조급

반드시
기회는 온다

하지도 말고 불안해하지도 말자. '아 그때 샀어야 하는데...'라는 후회
도 하지 말자. 과거도 잊어버리자.
앞으로 다가올 기회를 놓치지 말고 때가 되었을 때 용기를 내어 잡으
면 된다.
기다리는 자에게 반드시 기회는 온다.

01

무주택자는 반드시 기회의 문이 열린다

내 집 마련은 필수다.
구매의 능력과 욕구가 부족한 무주택자는 이렇게 하자.

내 집 마련은 선택이 아닌 필수다. 필자가 50년 넘는 인생을 살면서 내린 결론이기도 하다. 사건-사고가 없다고 자동차보험을 해지하면 안 되듯이, 내 집은 인플레이션 방어를 하면서 내 가족이 안전하고 편안하게 행복한 삶을 살 수 있게 만들어주는 중요한 수단이자 보험이다. 인생의 기반이 되는 만큼 첫 집은 면밀한 계획을 세우고 신중하게 선택해야 한다.

필자는 신혼 시절 사내 추첨을 통해 사원주택으로 사용하던 아파트에 당첨되면서 처음 내 집을 장만했다. 제대로 된 전략과 계획 없이 즉흥적으로 구매한 나의 첫 집은 지금 생각해보면 구매해선 안 됐다. 아파트 입지나 상태도 그렇고 단지 내 위치나 방향도 좋지 않았다. 남향이 아닌 동향이었고, 산이 보이긴 했지만 그만큼 일조권 확보가 어려워 항상 집안이 어두웠다. 매수할 때도 아무런 전략이 없었고 매도할 때도 역시 아무런 고려 없이 그저 팔기 급급해서 손해를 보고 팔았다. 첫 단추를 잘못 끼우면 그 잘못된 단추를 정상으로 돌리는 시간과 노력만큼 기회비용이 발생한다. 다시 타임머신을 타고 돌아갈 수 있다면 첫 내 집 마련 전략부터 다시 짜고 싶을 정도로 첫 집의 가치는 중요하다.

본론으로 돌아와서 지금까지 내 집 마련을 하지 못한 분들은 자금이 부족하거나 자금은 있는데 굳이 집을 살 필요가 없는 두 부류로 나뉜다. 즉, 무주택자들은 구매능력이 부족하거나 욕구가 낮다는 의미다.

1) 구매능력이 부족한 경우

정말 단순하게 돈이 부족해서 집을 구매하지 못하는 경우다. 이런 구매능력이 부족한 실수요자들이 내 집 마련을 하는 가장 좋은 방법은 청약이고, 청약을 위해선 일단 종잣돈부터 모아야 한다. 만약 청약에 당첨되면 계약금의 10%를 내고 중도금 대출을 받고, 2~3년의 공사 기간 후 잔금을 내고 입주를 하거나 자금이 안되면 전세를 주고 시간을 더 벌 수도 있다. 그래서 언젠가 다가올 당첨을 위해 계약금의 10% 정도의 종잣돈을 모아 두어야 한다.

2022년 기준 서울 아파트 평균 분양가격은 3.3㎡에 3,474만 원이다. 목표 평수가 전용 84㎡라면 기준 분양가 12억 원의 10%인 1억2,000만 원, 전용 59㎡라면 기준 분양가 8억 원의 10%인 8,000만 원 정도 종잣돈을 마련하는 것이 좋겠다. 물론 꼭 서울만 고집할 필요가 없고 지역이나 입지에 따라 분양가는 다양하다. 3기 신도시 등 공공분양의 경우 분양가격은 더욱 저렴하기에 우선 5,000만 원 정도의 종잣돈이 준비되면 적극적으로 청약에 도전하는 것이 좋다. 청약 관련 내용은 4장과 5장에서 더 상세히 설명하겠다.

어느 정도 종잣돈이 마련되었음에도 여전히 내 집 마련을 망설이는 이들이 있다. 조금 더 돈을 모아서 완벽한 준비가 되었을 때 내 집 마련을 하겠다는 생각이겠지만, 기다리는 동안 내 집 마련의 꿈은 더 멀어질 것이다. "아 그때 사야 했는데"라는 후회는 항상 반복된다. 돈을 모으는 속도보다 집값이 오르는 속도가 더 빠르기 때문이다. 소득이 높은 전문직도 부동산가격 상승을 따라가기 힘들다고 말할 정도다.

지나치게 많은 대출을 활용하는 것은 예상치 못한 위기가 발생하면 치명적인 위험이 될 수 있어서 주의가 필요하지만, 대출 상환능력만 된다면 집값의 30%(최대 50%) 정도의 대출은 적극적으로 활용하는 것이 좋겠다. 물론 우리가 앞서 배웠던 부동산시장 흐름이나 타이밍은 적절히 분석하고 활용해야 하겠지만 내 집 마련은 필요하다, '종잣돈이 마련되면 청약은 적극적으로 한다', '집값의 30% 정도의 대출은 활용할 수 있다' 정도 기본적인 마음가짐은 가지고 있어야 한다.

2) 구매욕이 부족한 경우

자금력은 있는데 아직 내 집을 마련하지 못한 이들도 상당히 많다. 최적의 매수 타이밍을 잡기 위하여 지나치게 보수적으로 접근하다가

앞으로 3년, 무조건 올라가는 곳 알려드립니다

오히려 시기를 놓친 것이다. 미래는 신의 영역이어서 100% 완벽한 타이밍을 잡기는 불가능에 가깝다. 전문가들도 정확하게 최고점에 팔고 최저점에 살 수는 없다. 그래서 무릎에 사서 어깨에 판다고 하는데 이마저도 남이 아닌 내 문제가 되면 쉽지 않다. '여기서 더 내려가면 어떻게 하지?'라는 두려움을 이기고 나름 타이밍을 분석해서 집을 구매했더라도 집값은 더 내려갈 수 있다. 반대로 내 집을 팔았는데 집값이 더 오를 수도 있다.

내가 사서 조금 더 떨어질 수 있겠지만 결국 그 시기가 지나면 오를 것이다. 적어도 수요가 뒷받침되고 인프라가 좋은 서울이나 수도권, 5대 광역시 역세권 주변 아파트는 장기적으로 우상향한다. 20년 후에는 인구 감소의 영향으로 우리나라의 경제와 부동산이 어떤 방향으로 흘러갈지 장담할 수 없지만 그래도 핵심지역은 상대적으로 튼튼한 모습을 보여줄 것이다. 그 이유는 인플레이션에 따른 화폐 가치의 하락과 분양가격상승 때문이다. 10년 전 1억 원과 지금의 1억 원은 명목 가치는 같지만, 실질가치는 완전히 달라진다. 현재 1억 원의 실질가치는 10년 후 7,400만 원 정도로 하락한다. 그래서 10억 원 아파트가 10년 후 20억 원이 되었다면 4억 원 정도는 인플레이션 방어를 한 것이고 실질 상승분은 6억 원 정도로 봐야 한다.

인플레이션에 따른 화폐가치 하락은 매년 실시간으로 조금씩 반영되기보다 누적되었다가 한 번에 반영되기 때문에 부동산, 특히 아파트 가격은 계단식으로 상승한다. 2022년~2023년의 물가 상승 폭은 너무 크다. 지금은 과도한 상승에 대한 피로감과 금리, 경제 불확실성으로 당분간 침체기를 지나겠지만 어려운 시기가 지나가면 많이 올랐던 물가가 실물자산의 가치에 반영될 것이다.

그다음 분양가격 상승도 집값 우상향에 중요한 변수가 된다. 분양가격이 오르면 새 아파트 가격이 오르고 주변 아파트 가격도 동조되어 따라 올라간다. 이 연쇄를 끊어내려고 분양가상한제를 적용하고 있지만, 집값이 내려가면 정부는 어쩔 수 없이 분양가상한제를 또 풀어준다.

분양가는 오를 수밖에 없다. 물가가 오르니까 건축자재, 인건비가 오르고 희소성이 있는 아파트 부지의 땅값 역시 꾸준히 오른다. 분양가상한제가 풀리면 건설사들은 기회가 될 때마다 분양가를 더 올린다. 시장 분위기가 좋지 않아 미분양 우려가 클 때는 눈치를 보다가 수요자들이 몰리면 어김없이 분양가를 올린다.

아래 그림을 보면 2002년 3.3㎡당 928만 원이던 서울 내 아파트 분양가는 20년이 지나 2022년 3,474만 원으로 3배 가까이 올랐다. 분양가격이 오르는데 아파트 가격이 오르지 않을 수 없다. 또 앞으로 땅값이나 건축자재비, 인건비나 물가가 떨어질까? 일시적으로 조정이 될 수는 있겠지만 장기적으로는 절대 떨어지지 않는다. 떨어져야 한다고 말하면 내 월급이 떨어져도 좋다는 말과 다를 것이 없다.

<그림4-1-1> 서울 아파트 3.3㎡당 평균 분양가 추이

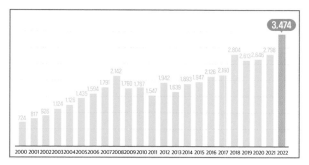

<단위: 만 원, 출처: 부동산R114>

02

1주택자는 2주택까지는 욕심을 내자

1주택자는 집을 팔면 안 된다. 팔아도 되는 두 가지 이유가 아니면 팔지 말자. 그리고 기회가 되면 2주택까지 욕심내보자.

"소장님, 집이 하나 있는데 집값이 더 내려갈 것 같으니 거주하는 집을 팔고 현금을 가지고 전세 살다가 집값이 바닥에 도착하면 그때 사고 싶습니다"

최근 이런 질문을 많이 받는다. 그리고 그때마다 필자는 NO라고 대답하고 있다. 이론상으로는 좋은 전략이다. 그리고 실제로 많은 전문가가 이렇게 상담하고 있다. 팔고 집값이 내려가면 사서 차익을 얻는다는 계획이지만, 현실은 내 계획처럼 그렇게 딱딱 맞아떨어지지 않는다. 계획처럼 다 되면 그게 인생이던가. 떨어질지 알고 팔았던 집값이 다시 반등하는 순간 평온하던 일상은 순식간에 무너진다. 후회와 미련은 자괴감으로 번지고 우울증으로 바뀔 것이다.

설사 운 좋게 팔고 나서 바로 집값이 하락하더라도 장기적으론 고민에 빠질 가능성이 크다. 물론 그 순간은 기분이 정말 좋을 것이다. 하지만 시간이 지날수록 머리가 아파진다. '언제까지 떨어질까? 집을 언제 사야 하지? 지금이 바닥인가? 더 기다려야 하나?' 고민의 늪에 빠져서 헤어나올 수 없다. 1주택자가 무주택이 되면 상상 이상으로 불안하다. 처음부터 무주택이었으면 느끼지 못하겠지만, 집이 있다가 없으면 엄청난 불안감이 엄습해온다. 이런 불안감은 초조함과 조급증이 되고 원래 계획과 달리 엉뚱한 타이밍에 엉뚱한 집을 사는 경우가 많다. 심지어 우왕좌왕하다가 매수 타이밍을 놓치고 계속 무주택자로 남아있는 사람도 있다.

집을 팔지 않고 집값이 오르면 부자가 된 것 같은 기분에 구름 속을 걷는 행복함을 느낄 수 있지만 거기까지다. 하나 있는 집을 팔고 학군이나 교통, 입지가 더 좋은 상급 아파트로 갈아타려고 용기를 내는 순간 용기는 좌절로 바뀐다. 내 집의 가치가 오른 것보다 내가 갈아타고 싶은 상급 아파트의 가치는 더 올라있다. 당연한 것 아닌가? 누구나 현재가치가 더 좋은 상급지로 올라가길 원한다. 특별한 이유가 없는 한 하급지로 내려오고 싶은 사람은 없다. 내 집보다 현재가치가 더 높은 아파트는 당연히 가격이 더 높고, 갈아타려고 하면 내 집의 양도차익에 대한 양도세부터 갈아타는 새집의 취득세, 등기비용, 매도/매수 계약에 대한 중개보수까지 내야 한다. 참고로 1세대 1주택은 양도세 비과세가 가능하지만, 시세가 12억 원을 넘을 때는 과세 대상이 된다. 이런 갈아타기 비용을 고려하면 내 집을 팔고 갈아탈 때는 생각보다 더 큰 비용이 발생한다.

그럼에도 상급지로 갈아타기는 적극적으로 추천한다. 1주택자가 집을 파는 이유 중 하나가 상급지로 갈아탈 때다. 한 가지 팁을 주고 싶다. 내 집을 파는 동시에 갈아타야 한다. 상승기에는 집값이 오르니까 갈아탈 집을 먼저 매수하고 내 집을 늦게 매도하는 전략이, 하락기에는 집값이 내려가니까 내 집을 먼저 매도하고 갈아탈 집을 늦게 매수하는 전략이 좋아 보인다. 하지만 이론은 이론일 뿐이고 현실은 쉽지 않다. 갈아탈 집을 먼저 샀는데 가격이 하락해서 고생하는 예도 많고, 내 집을 먼저 팔았는데 집값이 올라 망연자실한 경우도 많다. 내 집이 오르면 갈아탈 집도 오른다. 너무 욕심내지 말고 순리대로 파는 동시에 사서 갈아타면 된다. 1주택자가 집을 파는 또 하나의 이유는 필요하기 때문이다. 수입을 책임지던 배우자가 퇴직하면서 고정수익이 큰 폭으로 줄어들어 생활이 힘들어지거나 건강이나 교육, 이혼 등 이유가 있어서 집을 판다면 그렇게 해도 된다. 필요해서 집을 판다는데 누가 말리겠는가?

위에서 말한 상급지로 갈아타거나 필요해서, 이 두 가지 이유가 아니면 1주택자는 자신이 보유한 집을 팔아선 안 된다. 누누이 말하지만 집은 인플레이션 방어와 안정적인 가정생활을 위해 필수다. 전세 10억원 집에 세입자로 10년을 거주하면 전셋값 10억 원의 실질가치는 7억 4,000만 원으로 떨어지지만, 10억 원으로 내 집을 마련하면 10년 후 15억 원 이상 가치상승이 되어있을 것이다. 1주택자는 무주택자보다 인플레이션에서 더 많은 자산을 지킬 수 있어 일단 성공이라 할 수 있지만, 여기에서 그쳐서는 안 된다. 1주택자는 집을 안 산 무주택보다 낫지만, 재테크 측면에서 그 이상의 가치를 만들 수 없기 때문이다. 계속 거주할 집은 필요하기에 집값이 상승해도 그저 기분만 좋을 뿐이다.

그래서 1주택자가 목표로 삼아야 하는 것은 보험을 벗어나 투자용 부동산을 하나 더 구매하는 것이다. 살 집 하나, 투자용 부동산 하나가 일반 중산층이 할 수 있는 최고의 부동산 투자전략이다. 2주택까지는 투기라 할 수 없다. 모든 사람이 다 2주택을 가지면 사회문제가 되겠지만 절대 그럴 순 없다. 다른 선진국도 유주택과 무주택 비율은 6:4 정도이며, 유주택자 중에서도 1주택자 비중이 80% 이상이다. 그래서 2주택의 꿈을 꾸는 것은 절대 주택시장을 교란하지 않는다. 나와 배우자의 노후준비를 위해, 사랑하는 나의 자녀를 위해 '거주 1주택+투자 1주택=2주택'을 목표로 잡고 준비하는 것이 좋겠다. 앞에서 배운 부동산시장 흐름, 고점과 바닥의 신호를 확인하면서 최적의 매수 타이밍이라 판단되면 적극적으로 움직여야 한다. 고점 대비 30%~50% 정도 하락한 급매물을 전세를 끼고 잡거나 미분양이나 마이너스 프리미엄 분양권을 노려보는 것도 좋다. 입지가 좋고 분양가 경쟁력이 있으면서 미래가치도 있는 분양권이라면 약간의 P(프리미엄)을 감내하는 것도 괜찮다.

　　2013년~2014년 당시 동탄2신도시 시범단지 분양권을 2,000만~3,000만 원의 P를 주고 구한 이들은 소위 대박을 쳤다. 계약금과 P를 포함해서 5,000만~6,000만 원을 주고 산 분양권이 그로부터 몇 년이 지나 5억 원 이상 상승했기 때문이다. 미분양이나 분양권을 구매하는 팁을 알려드리면, 입지가 좋고 분양가도 경쟁력이 있는데 단지 부동산시장 분위기의 침체가 문제라면 시간이 다 해결해 주기에 걱정할 필요가 없다. 반대로 입지나 주변 인프라 또는 지나친 고분양가가 문제라면 시간이 흘러 부동산시장 분위기가 회복되더라도 가치상승이 제한적일 수 있어 주의가 필요하다.

03 다주택자는 포트폴리오 재구성하자

다주택자는 자신의 능력과 상황, 보유가치에 따라 포트폴리오를 재구성할 필요가 있다.

부동산시장 침체기는 그 어느 때보다 포트폴리오 전략을 다시 짤 기회다.

필자는 3주택 이상을 다주택자라 부른다. 우리 가족이 편안하고 안정적으로 거주할 내 집 하나와 환승 전략과 내 노후, 사랑하는 자녀를 위한 재테크 수단으로 2주택까지는 추천한다. 하지만 3주택 이상 다주택은 개인적으로 추천하지는 않는다. 투자자 개개인의 가치관과 상황에 맞춰서 알아서 판단하고 투자할 문제다. 투자와 투기의 경계선이 모호하여 절대적인 기준을 정할 수는 없다. 하지만 필자가 정한 투기의 기준은 '내가 감당할 수 있는 수준의 투자를 했는지', '내 투자가 부동산시장을 교란하는 결과를 일으켰는지' 이 두 가지로 판단한다.

누군가가 전세를 끼고 서울 시내 아파트 10채를 구매했다고 치자. 아파트의 개수만 보면 투기라 비판받아 마땅하지만, 수천억 원의 자산을 가진 재벌 집 막내아들이 100억 원으로 투자한 것이라면 과연 무조건 투기라고 할 수 있을까? 물론 충분히 감당할 수 있는 수준이라 해도 꼼꼼히 따져봐야 한다. 10년에 걸쳐 1년에 1채씩 다른 아파트를 구매했다면 투기라 할 수 없지만, 특정 시점에 특정 아파트 10채를 구매했다면 급매물의 고갈과 가격 상승을 끌어내기에 충분하기에 시장교란 행위라 할 수 있다. 아무리 가족의 행복을 위한 목적이라 하여도 투기를 조장하거나 추천할 수는 없다. 낚시를 해도 수자원을 보호하면서 취미생활로 해야 하는 것처럼, 부동산 투자도 시장 교란을 일으키지 않는 합법적인 범위 내에서 해야 한다.

1주택자는 계획처럼 되지 않는 것이 인생인지라 보험이라 생각하고 보유하며, 기회가 되었을 때 2주택까지 확장하거나 상급지로 갈아타라고 했는데 3주택 이상 다주택자는 1주택과 전략이 다르다. 생각대로 되지 않더라도 계획을 세우고 포트폴리오 전략을 수행해야 한다. 부동산시장의 상승기와 하락기를 정확히 파악한 다음 상승기 초입에는 주택 수를 늘리고 상승기 마지막에는 주택 수를 줄여야 한다. 2장에서 배운 고점과 바닥의 시그널을 염두에 두면서 보유주택 수를 조절해야 하는데, 그 기준은 임대사업자 등록과 보유능력, 보유가치에 따라 철저히 옥석을 구분하는 것이다. 침체기를 3년이라 예상하고 3년 동안 대출이자가 2배 늘어나더라도 충분히 감당할 수 있다면 보유능력은 충분하다고 할 수 있다.

주택임대사업자 등록을 하여 의무보유기간을 지켜야 한다면 그대로 보유해야겠지만, 주택임대사업자 등록을 하지 않았거나 의무보유기간이 끝난 아파트라면 보유가치에 따라 보유주택의 30%~50% 정도는 줄여도 좋다. 예를 들어 5채의 아파트를 보유하고 있다면 2채~3

채 보유, 2채~3채 매도하는 전략이 좋다. 보유가치가 낮은 아파트라면 거주하는 1주택을 제외하고 기회가 되었을 때 모두 정리를 한 후 원점에서 포트폴리오를 다시 세워보는 것도 좋겠다. 예를 들어, 갭 투자로 경기도 외곽 소형아파트를 10채를 구매했다면 다음 상승기에는 똘똘한 아파트 3채 정도 보유를 목표로 세우고 반등이 있을 때 모두 정리한 후 바닥의 시그널이 올 때 서울 강남이나 마·용·성(마포, 용산, 성수), 옥수, 금호, 흑석, 강동 등 괜찮은 지역의 아파트에 투자하는 것이다. 또 하락기에는 전세가율이 낮은 재건축·재개발 부동산의 하락 폭이 더 크기 때문에 미래가치나 내재가치가 좋은 재건축·재개발 부동산을 적극적으로 공략해보는 것도 좋겠다.

무조건 아파트만 투자하라 하고 싶지도 않다. 임대수익이 필요하다면 임대수익이 잘 나오는 대학가 주변 소형아파트나 오피스텔, 안정적인 유효수요를 확보한 상권의 상가에 관심을 가져도 좋겠고, 장기투자를 원하면 토지에, 자금이 되고 약간의 임대수익과 가치상승을 기대하고 싶다면 꼬마빌딩에 관심을 가져도 좋다. 그리고 부동산에만 매진하기보다 금융자산 비중을 높일 필요도 있다. 사실 우리나라는 자산 중 부동산의 비중이 너무 높다. 미국 등 다른 선진국은 자산에서 부동산이 약 40% 수준이지만 우리나라는 70%가 넘는다. 부동산 비중을 50% 정도로 하고 예금이나 주식, 채권, 달러, 금으로 포트폴리오를 넓혀보는 것도 좋겠다. 사견이지만, 주식은 특별히 재능이 있고 좋아하는 것이 아니라면 직접투자는 수천만 원 내외로 확실한 기준을 정해 취미로 하고 금액대가 커지면 ETF 등 간접금융상품에 맡기고 현업에 집중하는 것이 좋다. 주식 차트를 매일 쳐다보다가 일상이 무너지는 경우도 흔하기 때문이다. 이렇게 다양한 포트폴리오는 유사성을 가진 상관계수가 음의 수(마이너스)로 갈수록 효과가 커진다. 즉 다른 지역과 종류, 다른 상품을 골고루 보유하는 것이 좋다는 의미다.

부동산시장 침체기는 다음 상승기를 맞이하기에 가장 좋은 준비기간이다. 집값이 막 오를 때는 마음이 급해서 차분하게 공부하고 준비할 상황이 되지 않는다. 7년을 달리고 3년 쉬어 가는 지금이 나의 미래 포트폴리오 전략을 짜고 준비하는 절호의 기회라는 것을 잊지 말자. 더 열심히 공부하고 계획을 짜고 보유가치가 낮은 부동산은 팔아야 할 것이다. 집값이 하락해서 팔리지 않는다고 하지만 하락기라고 집값이 계속 내려가는 것은 아니다. 오를 때도 내릴 때도 등락을 거듭하면서 각자의 방향으로 움직인다. 아래 그림은 2003년에서 2014년까지 노무현 정부 시절 집값 상승기와 이명박, 박근혜 정부 시절 주요변수에 따른 집값 등락을 나타낸 그래프다. 팔고자 마음을 먹었다면 하락 후 반등이 올 때 팔면 된다.

사람의 마음이 간사해서 그렇게 팔려고 계획을 세워도 살짝 반등이 오면 더 오를 것 같은 기대감에 매물을 회수하거나 호가를 올리는 경우가 많다. 하지만 부동산시장 흐름을 잘 관찰한 후 침체기 진입이라 판단하고 팔아야 하겠다는 결심을 했으면 반등이 올 때 하나씩 정리하는 것이 맞다.

<그림4-3-1> 2003년~2014년까지 아파트 매매가격 지수 흐름

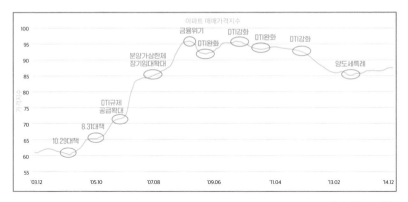

<출처: 한국부동산원>

앞으로 3년, 무조건 올라가는 곳 알려드립니다

04 3기 신도시는 기회다

3기 신도시는 무주택 실수요자들에게 빛과 희망이다.

하남 교산, 남양주 왕숙, 고양 창릉, 부천 대장, 인천 계양 지구에 관심을 가져보자.

"아빠 나도 내 집 마련할 수 있을까?"

마냥 어린 줄 알았던 큰딸이 어느 날 이런 질문을 해왔다. 생각해보니 어느덧 20대 성인이 되어 내 집 마련이라는 인생의 숙제를 고민할 나이가 된 큰딸에게 이렇게 말했다. "걱정하지 마, 3기 신도시가 있으니까 지금부터 차분하게 준비하면 충분히 내 집 마련할 수 있을 거야" 그만큼 3기 신도시는 내 집 마련을 하지 못한 무주택 실 수요자에게 빛과 희망이다.

원래 필자는 3기 신도시에 반대하는 견해였다. 인구 감소가 진행되고 있는 우리나라의 현실에는 미래세대를 위해 보존해주어야 할 그린벨트를 훼손하면서 새 아파트를 더 공급할 것이 아니라 이미 개발이 완성된 도심을 재정비하고 노후주택을 재건축, 재개발하여 새 아파트

를 공급하는 것이 옳은 방법이라 생각하기 때문이다. 하지만 2018년~
2019년 치솟는 서울 수도권 집값을 잡기 위한 특단의 대책으로 3기 신
도시가 전격 등장한 이후 찬성으로 선회했다. 이미 발표했고 진행이 되
고 있으니 이제는 3기 신도시를 응원하고 실수요자들의 내 집 마련의
꿈이 3기 신도시를 통해 실현되길 간절히 바란다.

<그림 4-4-1> **3기 신도시 입지**

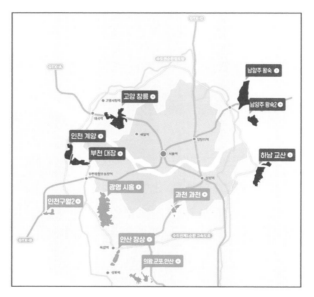

<출처: 3기 신도시 홈페이지>

토지보상 등 현안에 따라 계획보다 2년~3년 정도 더 늦어질 수는
있지만, 적어도 2018년~2019년에 발표한 하남 교산, 남양주 왕숙, 고
양 창릉, 부천 대장, 인천 계양 신도시는 계획대로 진행되면 2029년부

터 입주 가능할 것으로 기대된다. 하지만 2020년에 추가로 발표한 광명 시흥, 의왕 군포 안산, 안산 장상, 인천 구월2는 계획보다 더 늦어지거나 추진되지 않을 가능성도 있다. 부동산시장 침체가 이어지면서 미분양이 늘어나면 공급 부족이라는 명분이 사라지기 때문이다. 2018년~2019년 3기 신도시 발표 당시 공급 부족이라는 명분을 내걸었지만, 집값 상승 기대감으로 가수요가 폭증하면서 상대적으로 공급이 부족해 보였던 것이지 공급이 부족했던 것은 아니었다.

3기 신도시는 규모가 7000호로 작은 과천을 제외하면 남양주 왕숙, 하남 교산, 인천 계양, 고양 창릉, 부천 대장 5개 지구와 2020년 발표하였지만 입지 경쟁력이 있는 광명 시흥까지 모두 6개 지구에 25만 호 정도의 물량이 계획되어 있다. LH의 설문조사 결과, 하남 교산 > 고양 창릉 > 남양주 왕숙 > 부천 대장 > 인천 계양 순으로 선호도 조사결과가 나왔다. 하지만 상대적 인지도 차이일 뿐 지구별 가치는 충분하다.

3기 신도시 개요

구분	남양주 왕숙	하남 교산	인천 계양	고양 창릉	부천 대장	광명 시흥
면적	1,104만㎡	631만㎡	333㎡	813만㎡	343만㎡	1,271만㎡
호수	6만8천 호	3만3천 호	1만7천 호	3만8천 호	2만 호	7만 호

3기 신도시는 2기 신도시보다 서울 접근성이 훨씬 더 좋다. '인 서울'은 아니지만 3기 신도시 정도 입지라면 '인 서울'에 대한 아쉬움을 떨치는 데 충분하다. GTX 등 교통대책도 잘 갖춰졌고 신도시답게 학

교나 편의시설, 공원 등 생활 인프라도 2기 신도시를 압도할 것으로 기대가 된다. 본 청약은 빨라야 2024년~2025년은 되어야 나오겠지만 2021년부터 선보인 사전청약 추정분양가로 본 청약 분양가를 예상할 수 있다. 다음 표는 2021년 3기 신도시 사전청약 추정분양가다. 3.3㎡당 1,400만~1,900만 원 정도로 충분한 경쟁력이 있음을 확인할 수 있다. 2029년 입주 예정인 고양 창릉 신도시의 전용 59㎡ 신축 아파트가 4억 8,000만 원 수준이면 괜찮지 않은가? 물론 물가와 건축비 상승 등으로 분양가가 오를 가능성은 있으나 공공분양 사업인 만큼 큰 차이는 나지 않을 것이다.

2021년 사전청약 3기 신도시 추정분양가

구분	인천 계양	남양주 왕숙	부천 대장	고양 창릉	하남 교산
59㎡ 추정분양가	3억3,913만 원	3억7,715만 원	4억355만 원	4억7,957만 원	4억8,595만 원
3.3㎡당 분양가	1,411만 원	1,469만 원	1,675만 원	1,906만 원	1,855만 원

앞으로 3년, 무조건 올라가는 곳 알려드립니다

공공분양 사전청약 뉴:홈 도전하자

윤석열 정부 공공분양 브랜드인 뉴:홈은 나눔형, 선택형, 일반형으로 나뉜다.
가격경쟁력이 있는 나눔형 사전청약에 적극적으로 도전해보자.

윤석열 정부는 5년 동안 총 270만 호의 주택을 공급하겠다는 계획을 발표했다. 물론 주택건설 인허가 기준이지만 상당히 공격적인 공급 계획으로, 270만 호 중 50만 호를 공공분양주택으로 공급하겠다고 한다. 해당 공공분양주택 50만 호는 뉴:홈(NEW:HOME)이라는 새로운 브랜드로 선보인다. 청년, 서민 등 상대적으로 구매력이 부족하여 내 집 마련을 하지 못한 분들에게 공급정책의 효과를 집중하기 위하여 뉴:홈 50만 호 중 미혼 청년, 신혼부부에게 34만 호라는 어마어마한 물량이 배정됐다. 뉴:홈은 나눔형, 선택형, 일반형 3가지 유형으로 나뉜다.

공급대상별 공급물량 비중

구분	합계	미혼청년	신혼부부	생애최초	일반 무주택
2023년~2027년	50만 호	5.25만 호	15.5만 호	11.25만 호	18만 호
		청년층 약 34만 호		청년 외 약 16만 호	

<출처: 뉴:홈 홈페이지>

1) 나눔형

나눔형은 시세의 70% 이하로 공급하는 대신 5년 거주의무기간 이후 공공에 환매 시 처분 손익의 70%가 분양자에게 귀속되는 상품으로 25만 호가 공급될 계획이다. 특별공급 80%(신혼부부 40%, 생애최초 25%, 청년 15%) 일반공급 20%로 물량이 배정되며 5억 원 한도의 전용 모기지(LTV 최대 80%, DSR 미적용, 연이율 1.9%~3.0%, 40년 만기)로 자금지원도 해준다.

2) 선택형

선택형은 저렴한 임대료로 6년간 거주할 수 있으며, 임대 종료 후 분양 여부를 자유롭게 선택할 수 있는 유형으로 10만 호를 공급할 계획이다. 특별공급 90%(신혼부부 25%, 생애최초 20%, 청년 15%, 다자녀 10%, 기관추천 15%, 노부모 5%) 일반공급 10%로 물량이 배정되며, 나눔형과 같이 5억 원 한도의 전용 모기지(LTV 최대 80%, DSR 미적용, 연이율 1.9%~3.0%, 40년 만기)로 자금지원을 해주고 보증금은 80% 전세대출(1.7%~2.6%, 임대기간 중)을 별도 지원한다.

3) 일반형

기존과 동일한 방식의 일반형은 15만 호 공급계획으로 특별공급 70%(신혼부부 20%, 생애최초 20%, 다자녀 10%, 기관추천 15%, 노부모 5%) 일반공급 30%로 물량이 배정되어 나눔형, 선택형보다 일반공급 물량이 다소 많다. 4억 원 한도의 전용 모기지(LTV 최대 70%, DSR 미적용, 연이율 2.15%~3.0%, 30년 만기) 자금지원을 해준다.

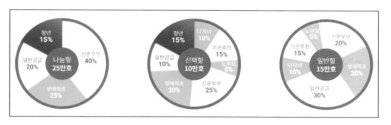

<출처: 뉴:홈 홈페이지>

　　정부는 2023년까지 서울 도심 등 우수한 입지를 가진 곳에 1만 1,000호의 뉴:홈 사전 청약 물량을 조기 공급할 계획이다. 2023년 2월 LH의 고양 창릉, 양정 역세권, 남양주 진접2 등 3개 지구와 SH의 서울 고덕강일 3단지에서 첫 뉴:홈 사전청약을 했는데 뜨거운 호응을 얻었다. 3기 신도시인 고양 창릉(S3블록)의 경우 평균 청약경쟁률이 23.7대 1, 일반공급은 46.2대 1에 달했다, 인기가 높은 전용 84㎡의 경우 전체(특공+일반) 33.6대 1, 일반공급 82.4대 1의 높은 경쟁률을 기록하였다. 고덕강일3단지는 평균 33대 1, 청년특별공급은 118대 1이 나왔다. 침체된 2023년 2월 부동산시장 분위기를 생각하면 대박인데 그 비결은 바로 가격경쟁력이다.

　　고양 창릉 신도시를 예를 들어 설명하면, 2021년 사전청약 분양가는 전용 59㎡ 기준 4억7,957만 원(3.3㎡당 1,906만 원)이다. 이것도 주변 시세보다 저렴한데 뉴:홈 사전청약 추정분양가는 이보다 더 낮다. 전용 59㎡의 추정분양가가 3억9,778만 원으로 2021년 사전청약 추정분양가보다 8,000만 원 이상 저렴하다. 이렇게 저렴한 이유는 시세의 70% 이하로 분양하고 향후 시세차익의 70%만 보장해주는 나눔형 공공분양의 특성 때문이다. 그 어느 때보다 불확실성이 높아진 지금 일단 가격이 낮다는 것은 굉장히 큰 경쟁력임에는 분명하다.

고양 창릉 사전청약 추정 분양가

구분	2021년 사전청약	뉴·홈 사전청약
전용59㎡ 추정분양가	50만 호	3억9,778만 원
3.3㎡(평)당 추정분양가	1,906만 원	1,591만 원

첫 사전청약 1,789호 이후 앞으로 남은 사전청약 물량은 더 많다. 2027년까지 서울 6만 호 포함 수도권은 35만6천 호, 비수도권에서 14만 4천 호를 공급할 예정인데 주택공급이 부족하고 수요층이 두꺼운 서울·수도권에 더 많은 물량을 집중하고 있다.

연도별 지역별 뉴:홈 공급물량

구분		2023-2027년	2023년	2024년	2025년	2026년	2027년
지역별	수도권	35.6만 호	5.2만 호	6만 호	7만 호	7.4만 호	10만 호
	서울	6만 호	0.5만 호	0.5만 호	1.3만 호	1.7만 호	2만 호
	비수도권	14.4만 호	2.4만 호	3만 호	3만 호	3만 호	3만 호
	합계	50만 호	7.6만 호	9만 호	10만 호	10.4만 호	13만 호

<출처: 뉴:홈 홈페이지>

앞으로 3년, 무조건 올라가는 곳 알려드립니다

2023년 뉴:홈 사전청약은 당초 상반기와 하반기에 걸쳐 약 7천호 정도 공급할 계획이었으나 첫 사전청약이 인기를 끌면서 6월, 9월, 12월에 걸쳐 10,076호가 공급이 된다.

2023년 사전청약 공급 계획

구분	2023년 6월	2023년 9월	2023년 12월
나눔형	남양주왕숙(LH) 932호 안양매곡(LH) 204호 고덕강일3단지(SH) 590호	하남교산(LH) 452호 안산장상(LH) 439호 마곡10-2(SH) 260호	남양주왕숙2(LH) 836호 마곡 택시차고지(SH) 210호 한강이남(SH) 300호 위례A1-14(SH-LH) 260호 고양창릉(LH) 400호 수원당수2(LH) 403호
선택형		구리갈매역세권(LH) 300호 군포대야미(LH) 340호 화성동탄2(LH) 500호	부천대장(LH) 400호 고양창릉(LH) 600호 남양주진접2(LH) 300호
일반형	동작구 수방사(LH) 255호	구리갈매역세권(LH) 365호 인천계양(LH) 618호	대방동 군부지(LH) 836호 안양관양(GH) 276호

모두 후회 없을 만큼 좋은 지역이어서 특정 지역을 선호하기보다, 자신이 거주하는 지역의 물량 입주자모집공고의 자격요건에 충족한다면 청약해보기 바란다. 6월 분양을 한 동작구 수방사는 일반공급은 무려 600대 1이 넘는 높은 경쟁률을 기록할 만큼 인기를 끌었다. 9월과 12월 뉴:홈 사전청약 물량도 매우 좋은데 굳이 선택하자면 서울(마곡, 대방동 군부지, 한강이남)과 3기 신도시(남양주왕숙, 인천계양, 하남교산, 고양창릉, 부천대장)은 반드시 무조건이다.

특별공급 청약하신 분들도 일반공급 청약이 가능하니 반드시 특별공급과 일반공급 모두 해보시기 바란다. 쩡말 희박한 확률이지만 둘다 당첨이 되면 특별공급만 인정된다. 사전청약이기에 당첨이 되면 서류는 제출하고 본 청약 시 다시 신청해서 계약하게 되며 본 청약까지 무주택 등 자격요건은 유지하여야 한다.

2023년 물량 외에도 앞으로 다양한 지역에서 많은 물량이 기다리고 있으니 자격요건이 되는 분들이라면 뉴:홈 사전청약에 적극적으로 도전해보자. 미리 사전청약 홈페이지(www.사전청약.kr)를 참고하고, 청약 전 입주자모집공고도 꼼꼼하게 확인해서 부적격 당첨의 뼈아픈 실수를 미리 예방하기 바란다.

<그림 4-5-2> 2023년 뉴:홈 주요입지와 규모

<출처: 사전청약 홈페이지>

참고로 사전청약은 무주택 실수요자의 내 집 마련 기회를 앞당기고 수도권 청약 대기수요 해소를 목적으로 본 청약에 앞서 미리 청약할 기회를 주는 제도다. 사전청약에 당첨되면 본 청약 당첨과 같은 효력이

앞으로 3년, 무조건 올라가는 곳 알려드립니다

발생한다. 사전청약에 당첨이 되었다고 바로 계약하는 것은 아니고 먼저 서류를 내고 2년~3년 후 본 청약할 때 신청해서 계약하고 계약금을 지급하면 된다.

만약 사전청약에 당첨되었다면 다른 사전청약은 물론 일반 아파트 청약도 하면 안 된다. 무주택 등 자격조건도 본 청약 입주자모집공고까지 유지하여야 한다. 어렵게 당첨되었는데 부적격이 되면 얼마나 억울할까.

서울 재건축 여기를 주목하자

아파트 투자의 꽃 서울 재건축에서 주목해야 할 5곳 소개해 드린다.

목동, 상계동, 압구정동, 송파 잠실 일대, 여의도 재건축 기대단지에 관심을 가지자.

서울은 절대적으로 주택이 부족하다. 특히 새 아파트의 희소성은 다른 어느 지역보다도 크다. 그도 그럴 것이, 서울은 마곡지구 개발을 마지막으로 새 아파트를 지을 신규택지가 사실상 없어졌다. 구치소나 차고지, 군부대 같은 공공시설 부지는 이미 공공분양 계획이 다 잡혀 있지만 넘치는 수요를 맞추기에는 절대적으로 부족하다. 결국, 노후 아파트를 없애고 새로 건축하는 재건축이나 노후 지역을 재정비하는 재개발이 아니면 더는 신규아파트를 공급할 수 없다.

반대로 이야기하면 서울은 새 아파트 공급의 유일한 탈출구인 재건축·재개발 정비사업의 속도를 높이기 위해 다양한 지원을 할 수밖에 없다. 부동산시장의 침체는 과도하게 유입된 투자수요의 이탈을 불러온다. 이로 인해 투자재 성격이 강한 재건축 아파트나 재개발 물건의 가격은 일반 아파트보다 더 많이 떨어지기 때문이다. 결국, 부동산시장이

가라앉았을 때 가장 좋은 투자상품은 서울 재건축·재개발이다. 집값이 올라갈 때는 주변 집값 자극 우려로 규제를 강화하지만, 집값이 내려가면 주택시장 활성화, 주택공급이라는 명분으로 규제를 풀어준다.

재건축을 진행할 때 진척을 늦추는 세 가지 제도, 소위 '3대 대못'이 있다. 바로 안전진단과 초과이익환수, 분양가상한제도다. 안전진단은 구조안정 점수 비중을 낮추면서 신청만 하면 통과하는 사실상 해제 수준으로 풀렸고, 초과이익환수 역시 공제 한도를 높이고 감면을 늘리기로 했으며, 분양가상한제도 유명무실해졌다. 강남3구와 용산구(2023년 6월 기준)를 제외한 규제지역도 해제되어 조합원 재당첨 제한, 조합원 지위 양도 금지 등 재건축·재개발 규제도 모두 풀렸다. 서울시도 빠른 정비사업을 통한 주택공급확대를 위하여 정비계획 수립단계에서 빠른 사업추진을 지원하고 있다. 재개발은 구역지정까지 5년에서 2년으로 단축하고 사업시행단계에서 교통, 환경 등을 통합 심의해 절차를 간소화하는 신속통합기획을 진행하고 있다. 이런 정책지원에 힘입어 그동안 지지부진하던 서울 강남 대표 재건축 단지인 은마아파트와 잠실주공5단지도 재건축 정비계획 심의에 통과하면서 속도를 내고 있다.

그래서 서울 목동, 상계, 압구정, 송파 잠실, 여의도에서 재건축을 추진하고 있거나 재건축 기대가 높은 아파트를 알려드리니 참고하기 바란다. 지면의 한계로 더 많은 재건축 추진 단지와 용산 한남, 동작구 노량진, 동대문 이문, 은평 수색/증산 등 서울 내 유망재개발 구역들을 소개하지 못하는 점 너무 아쉽다. 이해해주기 바란다. 또 '리스트에 있으면 투자가치가 높다, 리스트에서 빠지면 투자가치가 낮다'라며 이분법으로 판단하지는 말았으면 좋겠다. 부동산시장은 변동성이 크고 변수가 많은 만큼 지금 소개하는 아파트가 절대적인 기준이 될 수 없다는 점은 미리 알려드린다.

1) 목동

강남 대치를 제외하고 최고 교육수준과 환경을 자랑하는 목동은 어느덧 입주 30년을 넘겨 재건축을 추진하고 있다. 용적률은 중층 아파트임에도 110%~150% 수준이어서 내재가치가 높으며 교육부터 교통, 생활 인프라가 모두 우수해서 재건축만 된다면 준강남으로 손색이 없는 좋은 지역이다.

목동 신시가지 아파트 14개 단지 중 12개 단지가 안전진단을 통과했다. 6단지는 2020년 안전진단에 통과하여 서울시의 신속통합기획을 추진하고 있으며, 3, 5, 7, 10, 12, 14단지는 재건축 안전진단에 통과했다. 그리고 1, 2, 4, 8, 13단지는 조건부 재건축 안전진단을 통과했다. 유지보수 등급을 받은 9단지와 11단지도 재신청 시 조건부 재건축 예정이어서 사실상 안전진단 문턱은 더는 문제가 되지 않는다. 물론 안전진단 통과 후 입주까지 빨라도 10년, 보통 15년의 시간이 소요되는 만큼 장기적인 관점에서 접근하는 것이 맞다.

목동 신시가지 주요 아파트

동	아파트	입주연도	세대 수	비고
목동	목동신시가지 1단지	1985년	1,882	용적률 123%
	목동신시가지 2단지	1986년	1,640	용적률 124%
	목동신시가지 3단지	1986년	1,588	용적률 122%
	목동신시가지 4단지	1986년	1,382	용적률 124%
	목동신시가지 5단지	1986년	1,848	용적률 116%
	목동신시가지 6단지	1986년	1,368	용적률 139%
	목동신시가지 7단지	1986년	2,550	용적률 125%
신정	목동신시가지 8단지	1987년	1,325	용적률 164%
	목동신시가지 9단지	1987년	2,030	용적률 133%
	목동신시가지 10단지	1987년	2,161	용적률 123%
	목동신시가지 11단지	1988년	1,595	용적률 120%
	목동신시가지 12단지	1988년	1,860	용적률 119%
	목동신시가지 13단지	1987년	2,280	용적률 159%
	목동신시가지 14단지	1987년	3,100	용적률 122%

2) 상계동

서남권에 목동이 있다면 동북권에는 상계동이 있다. 상계주공 16개 단지 중 공무원임대아파트인 15단지와 포레나노원으로 재건축이 끝난 8단지를 제외한 나머지 14개 단지 중 1, 2, 6단지는 재건축 안전진단에 통과했으며 나머지 단지들도 안전진단을 추진하고 있다. 상계동 인근 도봉구 창동주공 역시 재건축 기대감이 높은 단지들이어서 관심을 가져도 좋다.

안전진단을 통과하더라도 정부와 서울시 정책, 단지별 조합의 추진 능력과 조합원들의 의지에 따라 진행 속도는 천차만별이다. 짧은 기간 내에 여러 건의 안전진단이 통과하는 것을 먼저 우려할 필요는 없다.

상계동 일대 주요 아파트

동	아파트	입주연도	세대수	비고
상계	상계주공 1단지	1988년	2,064	용적률 164%
	상계주공 2단지	1987년	2,029	용적률 156%
	상계주공 3단지	1988년	2,213	용적률 180%
	상계주공 4단지	1988년	2,136	용적률 204%
	상계주공 5단지	1987년	840	용적률 93%
	상계주공 6단지	1988년	2,646	용적률 193%
	상계주공 7단지	1988년	2,634	용적률 188%
	상계주공 9단지	1988년	2,830	용적률 207%
	상계주공 10단지	1988년	2,654	용적률 151%
	상계주공 11단지	1988년	1,944	용적률 152%
	상계주공 12단지	1988년	1,739	용적률 178%
	상계주공 14단지	1989년	2,265	용적률 154%
	상계주공 16단지	1988년	2,392	용적률 184%
창동	창동주공 3단지	1990년	2,856	용적률 175%
	창동주공 4단지	1991년	1,710	용적률 151%
	창동주공 18-1단지	1988년	160	용적률 138%
	창동주공 19단지	1988년	1,764	용적률 164%

3) 압구정

최고의 부촌 압구정동은 재건축만 하면 서울에서 가장 비싼 아파트, 가장 좋은 아파트, 부촌 중의 부촌 타이틀은 떼놓은 당상이다. 중층 대형평형으로 워낙 잘 짓기도 했고 부촌의 대표성이 강해 재건축이 쉽지는 않았다, 하지만 이제는 재건축할 때가 되었다. 한강 르네상스의 시즌2 개념인 그레이트 한강 프로젝트의 일환으로 2023년 5월 서울시에서 압구정동 1구역~6구역 중 2구역과 3구역 주민들을 상대로 설명회를 열고 재건축 방안(신속통합기획 초안)을 제시했다.

역세권 지역은 3종일반주거지역에서 준주거지역으로 용도 상향을 해 200%~500% 용적률을 적용하고 50층 아파트를 짓겠다는 내용이

며 올림픽대로 위에 덮개로 씌우고 압구정동에서 성수동까지 한강을
가로지르는 보행교도 설치할 계획이다. 이렇게 개발하면 2구역은 용적
률 300%가 적용되어 1,924가구에서 2,700가구로 개발되어 776가구를
일반 분양할 수 있다. 3구역은 용적률 320%가 적용되어 4,065가구에
서 5,810가구로 1,745가구나 늘어난다.

<그림4-6-1> 압구정 특별계획구역

<출처: 서울시>

압구정 일대 주요아파트

동	아파트	입주연도	세대 수	비고
압구정	미성 1차	1982년	322	용적률 153%
	미성 2차	1987년	910	용적률 233%
	신현대 ㄴ. 현대 9차 ㄴ. 현대 11차 ㄴ. 현대 12차	1982년	1,924	용적률 171% 용적률 176% 용적률 180%
	현대 1,2차	1976년	960	용적률 225%
	현대 3차	1976년	432	용적률 234%
	현대 4차	1977년	170	용적률 95%
	현대 5차	1977년	244	용적률 170%
	현대 6,7차	1978년	1,288	용적률 189%
	현대 10차	1982년	144	용적률 172%
	현대 13차	1884년	234	용적률 191%
	현대 14차	1987년	388	용적률 148%
	현대 8차	1981년	515	용적률 178%
	한양 4차	1978년	286	용적률 187%
	한양 6차	1980년	227	용적률 170%
	한양 1차	1977년	936	용적률 212%
	한양 2차	1978년	296	용적률 181%
	한양 3차	1978년	312	용적률 198%
	한양 5차	1979년	343	용적률 192%
	한양 7차	1981년	239	용적률 169%
	한양 8차	1984년	90	용적률 175%

4) 송파 잠실 일대

한강변 대표 재건축 단지인 잠실주공5단지를 비롯하여 아시아선수촌, 우성1, 2, 3차, 장미, 올림픽기자선수촌 등 미래의 재건축 유망주자가 줄줄이 대기 중인 송파 잠실 일대 아파트도 눈여겨봐야 한다.

앞으로 3년, 무조건 올라가는 곳 알려드립니다

송파 일대 주요 아파트

지역	동	아파트	입주연도	세대 수	비고
송파	잠실	잠실주공5단지	1978년	3,930	용적률 138%
		아시아선수촌	1986년	1,356	용적률 152%
		우성 1, 2, 3차	1981년	1,842	용적률 182%
	신천	장미 1차	1979년	2,100	용적률 184%
		장미 2차	1979년	1,302	용적률 190%
		미성	1980년	1,230	용적률 159%
		크로바	1983년	120	용적률 169%
		진주	1980년	1,507	용적률 172%
	송파	한양 1차	1983년	576	용적률 157%
		한양 2차	1984년	744	용적률 165%
		가락삼익맨숀	1984년	936	용적률 179%
	방이	올림픽기자선수촌	1989년	5,539	용적률 137%
		방이대림	1985년	480	용적률 176%
		가락삼환	1984년	648	용적률 178%
		가락극동	1984년	555	용적률 179%
		가락미륭	1986년	435	용적률 180%
		가락프라자	1985년	672	용적률 179%
	문정	올림픽훼밀리타운	1988년	4,494	용적률 194%
		현대 1차	1984년	514	용적률 179%
	오금	현대 2,3,4차	1984년	1,316	용적률 172%
		상아 1차	1984년	226	용적률 194%
		우창	1985년	264	용적률 180%

5) 여의도

여의도는 강남, 광화문과 함께 서울의 3대 도심으로 금융 업무상업시설이 잘 갖춰져 있으면서 지하철 5호선, 9호선으로 광화문과 강남 접근성이 좋아, 재건축만 되면 강남과 버금가는 높은 가치가 보장된다. 압구정과 마찬가지로 기존의 건축물이 오래되었지만 훌륭한 시공과 높은 용적률로 내재가치가 낮으며 상징성이 커서 그동안 재건축 추진이 지지부진했다. 하지만 우수한 입지와 달라진 부동산시장 흐름으로 인해 최근 부쩍 속도를 내고 있다.

그레이트 한강 프로젝트의 일환으로 2023년 5월 여의도 아파트지구 지구단위계획 결정안 열람공고가 나왔다. 1976년 아파트지구 개발 기본계획 이후 46년 만에 개발계획이 발표된 것이다. 여의도 12개 단지는 정비사업을 위한 9개 특별계획구역으로 지정하고, 1구역, 3구역, 5구역~9구역에 최대 용적률 800%를 적용하고, 2구역과 4구역은 최대 용적률을 500% 적용하여 높이 200m, 70층까지 올려 재건축 사업을 진행할 수 있게 된다.

<그림4-6-2> 여의도 아파트 지구

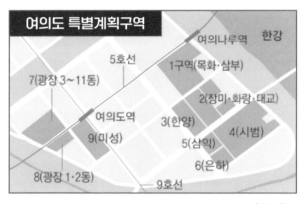

<출처: 서울시>

　　　　　앞으로 3년, 무조건 올라가는 곳 알려드립니다

여의도 주요 아파트

지역	동	아파트	입주연도	세대 수	비고
영등포	여의도	시범	1971년	1,790	용적률 172%
		삼익	1974년	360	용적률 256%
		은하	1974년	360	용적률 256%
		장미	1978년	196	용적률 255%
		화랑	1977년	160	용적률 219%
		대교	1975년	576	용적률 205%
		한양	1975년	588	용적률 252%
		목화	1977년	312	용적률 205%
		삼부	1976년	873	용적률 187%
		수정	1976년	329	용적률 299%
		서울	1976년	192	용적률 210%
		공작	1976년	373	용적률 210%
		광장	1978년	744	용적률 187%
		미성	1978년	577	용적률 188%
		진주	1974년	380	용적률 195%

1기 신도시 재건축 이제 시작이다

드디어 1기 신도시 특별법이 베일을 벗었다.

노후 계획도시 정비 및 지원에 관한 특별법 내용과 수혜 아파트에 대해 알아보자.

'뜨거운 감자'인 1기 신도시 재건축 이슈가 수면 위로 떠올랐다. 투기와 이주 문제 때문에 감히 엄두를 내지 못하던 1기 신도시 재건축이 본격적으로 도마 위에 오른 것이다. 대통령 공약으로 시작된 1기 신도시 재건축 특별법의 공식 명칭은 2023년 2월 '노후 계획도시 정비 및 지원에 관한 특별법'이다. 1기 신도시 이외의 목동이나 상계동, 여의도 등 다른 지역의 노후 아파트까지 고려한 결정이라 할 수 있다. 1기 신도시만 특별법으로 재건축을 추진하면 더 오래된 지역의 주민들이 가만있겠는가? 형평성 문제를 고려하지 않을 수 없었을 것이다. 일명 1기 신도시 특별법인 노후 계획도시 정비 및 지원에 관한 특별법의 주요 내용은 다음과 같다.

① 노후 계획도시

특별법 적용 대상인 노후 계획도시는 택지조성사업 완료 후 20년 이상 지난 100만㎡ 이상 택지다. 만약 100만㎡ 미만이면 특별법 대상이 될 수 없을까? 그렇지 않다. 하나의 택지지구가 100만㎡에 미치지 못하는 경우라도 인접-연접한 2개 이상의 택지 면적의 합이 100만㎡ 이상이면 가능하고, 택지지구와 함께 동일한 생활권을 구성하는 연접 노후 구도심도 하나의 노후 계획도시에 포함될 수 있다. 이런 조건으로는 1기 신도시만 아니라 6장에서 살펴보았던 목동, 상계동, 여의도, 압구정동 모두 특별법 대상이 될 수 있다.

② 추진체계

노후 계획도시 정비는 국토교통부에서 기본방침을 정하면 각 지자체에서 기본계획을 10년 주기로 수립하고 특별정비구역으로 지정을 한 후 재건축, 도시개발 등 사업을 시행한다.

<그림4-7-1> 노후계획도시 정비 추진 체계도

<출처: 국토교통부>

③ 특별정비구역에 대한 특례 및 지원

재건축 안전진단 면제 또는 완화, 재건축 사업성에 큰 영향을 주는 용적률, 용도지역 등 완화(예: 2종 일반주거지역 -> 3종 또는 준주거지역), 규제 최소화를 위해 특별정비구역을 입지규제 최소구역으로 지정, 리모델링의 경우 세대 수 증가를 현행 15% 이내 수준에서 추가 증가 허용 등 여러 혜택을 주기로 했다.

④ 각종 인허가 통합심의로 사업절차 단축

⑤ 그 외 통합개발을 위한 단일사업시행자, 총괄사업관리자 제도 도입, 지자체 주도로 이주대책 추진하고 정부는 이주대책 지원, 다양한 방식으로 적정한 초과 이익 환수

특별법을 만들어 추진한다고 하니 대상 지역의 주민들이 기뻐할 일이지만 막상 현장의 분위기는 그렇지 않다. 왜 그런지 확인해보니 특별법 내용이 기존 발표내용과 다르지도 않으며, 국회에서도 통과되지 않았고, 언제 어디가 어떻게 개발된다는 구체적인 사항도 없어서 표심을 얻기 위한 포퓰리즘성 공약이 아닌가 하는 의심을 거두지 못한 것이다. 주민들의 지지를 받으려면 결국 특별법이 국회를 통과하고 내용도 구체적으로 시행되어야 할 것이다. 여전히 넘어야 할 산이 많고, 발표된 계획처럼 진행해도 아무리 빨라야 10년에서 20년이 걸린다. 안 될 수도 있는 힘든 프로젝트이지만 첫 시동을 걸어 공식화되었다는 점에서 의미가 있다. 1기 신도시는 아래 표에서 보듯이 성남 분당, 고양 일산, 안양 평촌, 부천 중동, 군포 산본 이렇게 5개 지구, 총 30만 호 정도이다.

1기 신도시[편의상 평 단위 사용]

구분	분당	일산	평촌	중동	산본
면적(평)	594만 평	476만 평	154만 평	164만 평	127만 평
호(세대)	9만7,600호	6만9,000호	4만2,000호	4만1,200호	4만2,000호

앞으로 3년, 무조건 올라가는 곳 알려드립니다

6장에서 서울 재건축 추진 단지를 소개했으니 이번 장에서는 1기 신도시에서 내재가치가 좋은 아파트 단지를 몇 개 소개하고자 한다. 지면 관계상 모든 아파트를 담을 수는 없었고 편의상 일부 단지들 위주로 소개하는 점 이해하기 바란다.

1) 분당신도시

화제의 드라마 〈재벌 집 막내아들〉의 '진도준'이 선택한 1기 신도시의 대장 분당은 가장 규모가 크며, 입지와 교통 여건, 강남 접근성, 양질의 일자리 모두 최고등급의 신도시이다. 분당신도시는 학군이 좋은 수내, 서현동과 신분당선 역세권으로 떠오른 정자동, GTX와 판교 접근성이 좋은 이매동 중심으로 정리했고 정자동 느티마을과 한솔은 리모델링을 추진하고 있다.

분당 신도시 주요아파트

동	아파트	입주연도	세대 수	용적률
수내	푸른벽산	1993년	804	179%
	푸른신성	1992년	630	179%
	푸른쌍용	1993년	1,164	179%
분당	샛별삼부	1992년	588	144%
	샛별동성	1992년	582	144%
서현	효자촌현대	1992년	710	185%
	효자촌동아	1992년	648	187%
	효자촌임광	1992년	732	186%
	효자촌삼환	1992년	632	174%
정자	느티마을공무원 3단지	1994년	770	178%
	느티마을공무원 4단지	1994년	1,066	180%
	한솔주공 4단지	1994년	1,651	148%
	한솔주공 5단지	1994년	1,156	170%
	한솔주공 6단지	1995년	1,039	173%
이매	아름 6단지선경	1993년	370	183%
	이매 6단지청구	1992년	710	174%
	이매 7단지청구	1993년	304	162%

2) 일산신도시일산신도시의 규모는 7만 호 정도로 분당신도시 다음으로 크다. 일산신도시의 단점은 세월의 흔적인 노후화, 미비한 강남 접근성 교통망과 양질의 일자리다. 노후화는 모든 1기 신도시가 공유하고 있는 문제이고, 강남 접근성은 향후 GTX-A노선이 완공되면 크게 개선될 것으로 기대가 된다. 일산신도시 역시 지면 관계상 주엽동과 마두동, 일산동의 몇 개 단지만 소개하겠다.

일산신도시 주요아파트

동	아파트	입주연도	세대 수	용적률
일산	후곡 8단지동신	1994년	434	182%
	후곡 9단지LG	1994년	936	182%
	후곡 11단지주공	1995년	836	164%
	후곡 12단지주공	1995년	718	170%
	후곡 13단지태영	1994년	420	163%
	후곡 14단지청구	1994년	446	183%
주엽	문촌 1단지우성	1994년	892	162%
	문촌 2단지라이프	1994년	348	182%
	문촌 5단지쌍용한일	1994년	432	181%
	강선 4단지동신	1993년	624	162%
	강선 5단지건영동부	1994년	528	182%
	강선 8단지럭키롯데	1993년	966	183%
마두	강촌 1단지동아	1993년	720	177%
	강촌 3단지훼미리	1992년	590	183%
	강촌 5단지라이프	1992년	1,558	163%
	강촌 7단지선경코오롱	1993년	702	182%
	강촌 8단지우방	1993년	766	184%
	백마 1단지삼성	1993년	772	187%
	백마 2단지극동삼환	1992년	806	185%
	백마 3단지금호한양	1995년	1,116	181%
	백마 6단지벽산	1994년	438	182%

3) 평촌신도시

평촌신도시는 교육 신도시다. 규모는 4만 호 정도로 분당, 일산보다 작지만, 과천 아래에 위치하고 있어 입지가 좋고 지하철 4호선과 도로

가 좋아 강남 접근성이 좋다. 무엇보다 학원가가 최고 수준이어서 교육 수요가 탄탄하다. 분당, 일산보다 용적률이 다소 높은 것이 아쉽지만 이만하면 충분히 기대할 만하다.

평촌신도시 주요아파트

동	아파트	입주연도	세대수	용적률
호계	목련 1단지	1992년	480	186%
	목련 2단지	1992년	940	193%
	목련 3단지	1992년	902	196%
	목련 4단지	1993년	683	196%
평촌	향촌롯데	1993년	530	206%
	초원 8단지세경	1996년	709	199%
비산	은하수 샛별5,6	1993년	3,227	167%
	샛별한양 1단지	1993년	1,262	198%
관양	한가람세경	1996년	1,292	196%
	공작부영	1993년	1,710	198%
	한가람신라	1992년	1,068	197%

4) 중동신도시

부천에 있는 중동신도시는 풍부한 편의시설과 지하철 7호선까지 있음에도 다른 신도시에 비하여 저평가받는 신도시다. 이곳도 2018년 ~2021년 부동산시장 호황에 힘입어 집값이 많이 상승했다.

중동신도시 주요아파트

동	아파트	입주연도	세대 수	용적률
중동	중흥마을주공	1995년	863	193%
	설악주공	1993년	1,590	198%
	덕유주공 4단지	1997년	1,046	112%
	덕유주공 2단지	1996년	509	56%
	금강마을	1994년	1,962	203%
상동	벚꽃세종그랑시아	2002년	216	71%

5) 산본신도시

평촌신도시부터 직선거리 5km 정도 아래에 있는 산본신도시는 항상 평촌과 상대적으로 비교되면서 저평가된 신도시이다. 수리산의 쾌적함과 신도시 인프라가 잘 갖춰져 있지만, 지하철 4호선이 하필 금정역부터 지상 구간이 되면서 도시의 맥을 끊어 버리는 점은 아쉽다. 물론 실망할 필요가 없다. 단점은 이미 현재가치에 반영되어 있기 때문이다.

산본신도시 주요아파트

동	아파트	입주연도	세대 수	용적률
중동	매화주공 14단지	1995년	184	148%
	산본주공 11단지	1991년	1,400	183%
	덕유주공 8단지	1996년	267	187%
	한라주공 4단지 1차	1992년	1,248	115%
	가야주공 5단지 1차	1993년	1,601	129%
	가야주공 5단지 3차	1993년	949	196%
상동	다산주공 3단지	1992년	829	195%
	퇴계주공 3단지 1차	1995년	1,011	196%

08 수익형 부동산 옥석 가리기

임대수익이 목적인 수익형 부동산은 아파트와 전혀 다르다.
소형아파트, 오피스텔, 상가, 꼬마빌딩까지 유형별 전략을 알아보자.

월세가 나오는 수익형 부동산은 아파트 투자와 접근방법이 전혀 다르다. 아파트 투자는 친구 따라 강남에 가더라도 성공할 수 있다. 부동산시장의 흐름을 잘 타 무릎에 사서 어깨에 팔 수 있다면 대부분 성공한다. 주변의 친구나 지인들이 사면 집값이 오를 때고, 팔면 내릴 때다. 사람들의 마음은 똑같아서 내가 사고 싶은 마음이 들면 남들도 그렇다. 그래서 아파트 투자에서 심리는 중요한 이유다. 하지만 임대수익이 목적인 수익형 부동산은 아파트와 다르게 접근해야 한다. 수익형 부동산은 심리가 아니라 철저한 과학이고 계산이다. 아파트 투자로 돈 벌어서 상가에 투자했다가 돈을 까먹는 경우가 허다하다. 아파트는 시세차익(자본이득)이 중요한 수익 판단 기준이지만, 수익형 부동산은 임대료(영업이익)가 기준이 된다. 시세차익도 크고 임대료도 많이 나오는 부동산은 없다. 세상은 공평하다.

수익형 부동산의 이질성은 또 있다. 부동산시장 흐름보다는 물건

각각의 경쟁력이 중요하다. 같은 아파트라면 동과 층에 따라 차이가 조금 발생하는 아파트와 달리 상가는 같은 건물이라도 호실의 위치에 따라 가치가 달라진다. 또 같은 물건도 임차인이 누구인지, 어떤 업종이 구성되는지에 따라 임대수익률이 달라지기도 한다. 그리고 아파트는 전세를 끼고 투자하면 무이자대출과 같은 효과가 나오지만, 상가나 꼬마빌딩은 자기자본 이외 부족한 자금은 대출로 충당해야 한다. 대출의 비중이 높다는 것은 금리 인상에 취약한 구조라는 의미다.

2022년 가파르게 오른 기준금리 인상의 여파로 아파트 시장도 어렵지만, 상가와 꼬마빌딩 시장은 더욱 어려운 처지에 놓였다. 저금리와 넘치는 유동성으로 아무거나 사도 오르고 임대수익도 잘 나오는 시대는 끝났다. 이제는 철저하게 옥석을 가리는 경쟁 시대다. 임대수익이 나오는 수익형 부동산은 소형아파트부터 오피스텔, 상가, 꼬마빌딩 등으로 구분할 수 있으며 종목별 투자 전략을 소개하도록 하겠다.

1) 소형아파트
보통 아파트는 투자수익 상품이지만 수도권 외곽이나 지방에는 임대수익률이 잘 나오는 소형아파트가 있다. 경기도 고양시 행신, 화정동, 파주시 야당동, 화성시 병점동, 오산시, 이천시 부발읍, 여주시 같은 지방 중소도시의 소형아파트의 경우 2020년~2021년 동안 아파트 가격이 많이 상승하면서 최근 임대수익률이 높지 않다. 하지만 침체가 이어지면서 매맷값이 하락하면 임대수익률이 개선되면서 수익형 부동산 투자 대상이 될 수 있다. 서울을 기준으로 1층 상가임대수익률의 평균이 3% 수준이어서 소형아파트 임대수익률이 3% 이상 나온다면 어설

픈 상가 투자보다는 훨씬 더 좋다. 다행히 수도권이나 지방 규제지역의 해제로 다주택자 규제가 풀렸고, 막혀 있던 주택임대사업자 제도도 풀어주는 상황이어서 임대수익률이 3% 이상 나오는 수도권 외곽이나 지방 소형아파트는 수익형 부동산으로서 손색이 없다.

2) 오피스텔

오피스텔은 원래 임대수익을 노리는 수익형 부동산이다. 아파트 가격이 올라가면서 틈새 상품으로 전용면적 59㎡나 84㎡의 주거용 오피스텔인 아파텔이 등장하여 아파트와 경계가 모호해졌지만 그래도 주택법이 적용되는 아파트와 달리 건축법이 적용되는 오피스텔은 다르다. 집값이 올랐을 당시 주택규제를 피해 분양한 고가 아파텔은 주변 아파트 가격하락과 금리인상, 전세 사기 영향으로 경쟁력이 낮아졌지만, 주거용이 아닌 임대수익용 소형오피스텔은 임대수익률이 뒷받침되면 여전히 경쟁력이 있다.

경희대부터 한국외대, 서울시립대, 삼육대 등 대학교가 몰려 있는 서울 동대문구 회기역 부근에는 임대수익률이 6%가 넘는 소형오피스텔도 찾을 수 있다. 3%대의 수익률이 나오는 상가보다 차라리 5%~6%의 수익률이 나오는 소형오피스텔이 더 좋을 수 있다. 주의할 점은 현재 받는 전세나 월세가 앞으로 지속될 수 있느냐다. 혹시라도 계약만기 후 임대료 가격이 내려갈 수 있는지 확실한 검증이 필요하다.

3) 상가

노후 불안 때문에 안정적인 임대수익을 올린다는 상가 투자에 많이들 관심을 두고 있다. 하지만 실제로 만족할만한 결과를 얻을 확률은 낮다. 낮은 임대수익률과 환금성이 문제인데, 최근 기준금리 인상으로 대출이자 부담이 늘어나면서 월세를 받아서 대출이자도 내지 못하는 임대인들이 늘어나고 있는 것이 현실이다. 대출금리가 1%~2%인 시절에는 임대수익률이 3% 이상만 나와도 괜찮았지만, 2023년 3월 기준 대출이자가 5%가 넘는 상황에서 3%의 임대수익률이면 손실일 수밖에 없다.

더 큰 문제는 신축 분양 상가다. '책임지고 임대료 보장한다, 어떤 업종이 입점할 예정이다, 나만 믿어라'라는 분양관계자의 달콤한 속삭임에 속아 덜컥 계약해서는 안 된다. '준공 시점에 어떻게 되겠지'라는 막연한 기대를 하다가 임차인 맞추기도 어렵고, 맞추더라도 예상과 달리 너무 낮은 임대료에 두 번 우는 경우가 다반사다. 하늘의 달이라도 따줄 것처럼 높은 수익률로 유혹하던 분양관계자는 정작 필요할 때는 연락 두절이다. 그래서 분양 상가의 경우 주변 적정 임대료 시세를 확인한 후 분양가 대비 임대수익률이 대출금리 + 1%p 이상 확보할 수 있는지 타당성 검토가 필수다. 더 나아가 계약할 상가 주변에 500세대 이상 아파트의 배후수요가 있는지, 사람들이 지나다니는 동선인지, 머물지 않고 흘러 지나가는 자리인지, 현재의 임대수익률이 현재 임차인과 계약이 끝나고 새로운 임차인이 들어와도 유지할 수 있는지를 꼼꼼하게 확인한 후 신중하게 계약하는 것이 좋겠다.

상가는 아파트와 달리 서울, 강남, 마·용·성 같은 이런 특정 지역이 아무런 의미가 없다. 내가 잘 조율할 수 있는 범위 안이라면 경기도나 인천, 지방이라도 상관이 없다. 안정적인 임대수익이 나오면 그게 최선이다.

4) 꼬마빌딩

꼬마빌딩은 토지가치 상승과 임대수익 두 마리 토끼를 잡을 수 있다. 2015년~2021년 부동산시장 상승기 시절 아파트만 올랐다고 생각하는데 꼬마빌딩 가격도 아파트 못지않게 올랐다. 일부 꼬마빌딩은 아파트보다 더 올랐다. 서울 송파구 삼전동의 어떤 다가구주택은 2015년에 15억 원 정도였지만 2020년에는 45억 원 이상의 시세가 형성되었다. 아파트 가격이 크게 올라가면서 건물주가 되어보자는 마음에 아파트를 팔고 꼬마빌딩 시장으로 신규수요가 많이 유입된 것이다. 아파트 시장의 호황에 힘입어 꼬마빌딩 시장도 호황을 누렸다.

하지만 2022년 가파른 금리 인상으로 대출이자 부담이 많이 늘어나면서 꼬마빌딩 시장도 찬바람이 불고 있다. 그도 그럴 것이, 올라가는 매맷값에 비해 월세 임대료는 그대로 머물러 있으면서 서울 꼬마빌딩 임대수익률은 2% 아래로 내려왔다. 월세를 받아서 대출이자의 반도 충당하지 못하는 상황이 발생했고, 설상가상으로 아파트 가격이 하락하면서 수요 감소까지 겹쳤다. 인구 감소, 경기침체 영향이 더 큰 지방 중소도시 꼬마빌딩 시장은 훨씬 더 심각하다.

꼬마빌딩은 오직 임대수익만 노리는 것보다 가치상승에 조금 더 무게를 두면서 일정 수준의 임대수익을 목적으로 접근하는 전략이 좋다. 금리 불확실성이 제거되면 인구 감소와 경기 침체의 영향에서 지방 중소도시보다 낮고 수요는 풍부하면서 공급 부족으로 인한 희소성까지 여러 경쟁력이 있는 서울 위주로 관심을 가지는 것이 좋겠다.

5) 지식산업센터 외

아파트형 공장이라 불리는 지식산업센터도 수익형 부동산으로 큰 인기를 누렸다. 하지만 금리 인상과 지나치게 오른 분양가, 늘어난 공급물량 부담으로 입주 물량 위주로 어려움을 겪고 있다. 2015년 서울의 지식산업센터 분양가는 3.3㎡(평) 당 500만~600만 원 선이었다. 하지만 2023년에는 수도권도 3.3㎡당 2,000만 원이 넘는 곳들이 허다하고 서울은 3,000만 원이 넘기도 한다. 분양이 잘 되니 너도나도 마구잡이로 공급을 늘리면서 임대수익률이 내려갔고 임차인 맞추기가 예전보다 힘들어진 상황이다.

당분간 숨 고르기가 진행될 가능성이 크고 서울 가산디지털단지, 구로디지털단지, 금정/군포, 동탄 등 역세권, 주변 업무지구 환경, 배후 수요 등 경쟁력이 있는 곳과 그렇지 않은 곳과의 양극화는 더 벌어질 것이다. 주택규제의 틈새 상품으로 등장했던 생활형 숙박시설은 현실적으로 숙박목적으로 사용하기는 어려운 만큼 분양을 받은 분들은 전매하거나 정부에서 2023년 10월까지 오피스텔로 한시적 용도변경을 허용해줄 때 오피스텔로 전환하는 것도 진지하게 고민하는 것이 좋을 것 같다.

09 해외 부동산도 관심을 가지자

　　금리 인상으로 그 어느 때보다 불확실성이 커진 지금, 이제는 해외 부동산으로 눈을 돌려도 좋다. 물론 장·단점이 혼재해있는 해외 부동산 투자는 제대로 알고 들어가야 한다.

　　네트워크의 발전과 미국의 자본, 중국 생산력의 합작으로 전 세계 경제가 글로벌 공동체가 되면서 예전과 달리 경제 공조화 현상을 보이는 요즘이다. 과거에는 미국이 기침하면 일본은 감기가 걸리고 우리나라는 독감이 걸린다고 했는데, 이제는 전 세계가 동시에 감기에 걸리고 각국의 경제 상황에 따라 독감이 되기도 한다. 미국이 물가를 잡기 위해 빠르게 금리 인상을 하면서 전 세계 경제와 주식, 부동산시장이 몸살을 앓고 있다.

　　부동산시장은 하락으로 전환되었고 국내외 경제 불확실성이 높은 지금, 상대적으로 안정성이 높은 미국과 일본 등 해외 부동산 투자에 눈을 돌릴 필요도 있다. 금리 인상이 더 이어질 수 있고, 만약 멈추더라도 언제 멈출지, 언제 금리가 인하될지 모든 것이 불확실한 상황이어서 그 어느 때보다 위험 관리가 절실히 필요한 요즘이다. 위험을 관리하는 방법에는 위험 전가, 위험 보유, 위험 회피, 위험 통제가 있다. 하지만 부동산시장의 침체위험을 전가할 수는 없고, 여유 자금이 충분한 분들이 아니라면 위험 보유도 불가능하며, 투자하지 않는 위험 회피는 자칫 미래의 기회까지 놓칠 수가 있어 바람직하지 않다.

결국 포트폴리오의 구성을 통해 위험을 통제하는 것이 최선이다. 최대한 구성 자산을 분산하고 요구수익률을 높여 보수적으로 투자하는 것이 최선이다. 포트폴리오 효과를 극대화하려면 구성 자산을 서로 다른 특성의 상품으로 배치하여 상관계수를 마이너스(-)로 해야 한다. 즉 부동산과 주식, 예금 등 다양한 금융 상품에 내 자산을 골고루 분산하는 것이 좋겠고, 부동산도 아파트나 토지, 꼬마빌딩, 상가 등 상품별로 분산하는 것도 좋다. 하지만 이 모든 포트폴리오 관리도 우리나라 부동산 전체가 침체하면 백약이 무효다. 장기 침체 가능성이 있는 상황이라면 상황에 맞춰 해외 부동산 투자를 통한 국가별 분산투자를 하는 방법도 고려해야 할 때이다. 이미 해외 부동산 투자는 상당히 일반화되었고 매년 늘어나고 있다. 2014년부터 본격적으로 투자가 시작되어 2015년 말 11조3,000억 원이었던 해외 부동산 투자액은 2020년 55조 원으로 5배 정도 증가했다.

해외 부동산 투자의 장점은 한국보다 상대적으로 하락 폭이 제한적인 국가에 투자함으로써 국내 부동산시장의 침체 리스크를 관리할 수 있고, 한국보다 높은 수익률을 얻을 수 있으며, 세법상 주택 수에 포함되지 않고 종합부동산세, 상속세 등 조세 부담도 피할 수 있다. 또 일본 등 일부 국가의 경우 여전히 저금리를 고집하고 있어 법인으로 투자

앞으로 3년, 무조건 올라가는 곳 알려드립니다

하여 대출을 활용할 경우 레버리지까지 극대화할 수 있다. 반대로 단점이라면 국가별 세금이나 법적인 절차가 다르고 투자수익을 회수하는 출구전략이 생각보다 어렵거나 복잡할 수 있다. 특히 베트남, 중국 등 완전한 자본주의가 아닌 국가의 경우나 환율 변동성이 큰 국가의 경우에는 출구전략이 더욱 중요하다.

해외 부동산에 투자할 때는 우선 투자의 목적을 분명히 해야 한다.

나는 투자수익(자본이득)을 더 높이기 위해서 투자하는가?
은퇴 후 안정적인 임대수익(소득)이 필요한가?
자녀가 해외로 유학 갈 예정이어서 실수요로 투자하는가?
은퇴 후 해외에서 거주하려고 하는가?

해외 부동산은 구입 목적에 따라 기대수익률도 다르고 투자 대상 국가나 지역, 상품이 달라진다. 자녀 유학이나 유학생 임대수익을 목적으로 한다면 미국이나 캐나다, 독일 등 유학생 수요가 많은 지역으로 눈을 돌려야 한다. 최근 캐나다 밴쿠버나 토론토의 집값이 고점 대비 20%~30% 정도 조정이 되어서 좋은 기회가 될 수도 있다. 한국보다 더 높은 부동산 가격 상승을 기대하면서 투자수익도 원한다면, 선진국이나 한국보다 개발은 뒤처져 있지만 미래 성장 가능성이 있는 베트남, 라오스 등 동남아시아가 대상이 될 수 있다.

하지만 하이 리스크 하이 리턴, 높은 투자수익을 올리는 대신 그 나라의 정치, 경제적인 변수나 정책에 따라 예상치 못하는 상황이 발생할 수 있고, 환율이나 외환 정책에 따라 투자수익을 온전히 한국으로 회수하는 것이 어려울 수도 있어서 더 꼼꼼한 사전 조사가 필요하다. 중국은 좋은 투자 대상이었지만 급격한 상승 후 조정을 겪으면서 위험 신호가 감지되고 있고, 미국과 경제정책, 대만, 코로나 등 불투명한 정책으로 불확실성이 높은 만큼 당분간 투자보다 관망하는 편이 더 좋을 것 같다.

투자수익과 임대수익을 동시에 얻고 싶다면 가장 체계가 잡힌 미국을 추천한다. 관련 정보와 업체가 많고 상당 부분 검증이 되어 있으며 우방 국가이기 때문에 위험도 상당히 낮다. 투자 과정이나 제도 정비도 잘 되어 있으며 출구전략을 세우는 것도 수월하다. 무엇보다 미국의 금리, 주식, 정책은 이미 우리나라와 상당히 동조되어서 흐름을 따라가면서 판단을 하기도 편하다. 최근 금리 인상의 영향으로 미국 집값도 하락하고 있지만 향후 금리가 다시 내려가면 상승으로 전환될 가능성은 있다. 미국의 협의통화(M1)와 예금, 적금, 금융채 등을 합한 광의통화(M2)가 2005년 대비 3배가 늘어나는 동안 주택가격지수는 30% 늘어났는데 그쳤다. 주식에 비해 주택시장이 과열되었다고 할 수는 없다.

한국인이 가장 선호하는 투자국가는 34%를 차지한 미국이다. 뒤를 이어서 독일 14%, 프랑스 11%, 영국 9%, 일본 4%, 호주 4% 순이다. 안정적인 임대수익을 올리는 것이 목적이라면 필자가 가장 관심을 가지는 지역은 일본이다. 일본이라 하면 잃어버린 20년을 생각할 텐데, 그래서 임대수익 목적으로는 메리트가 있다. 또 임대부동산 관리에서 가장 중요한 지리적인 거리라는 이점도 있다. 미국 집을 한번 보려고 비

앞으로 3년, 무조건 올라가는 곳 알려드립니다

행기를 탄다고 생각해보라. 쉽게 엄두가 나겠는가? 역사적으로는 반감이 있지만, 문화나 음식 등이 상당히 유사하고 신뢰와 안정성 측면에서 우위에 있다. 후쿠오카의 경우 제주도 수준으로 가깝고 비행기 요금이나 현지 숙박, 음식값은 오히려 제주도보다 더 경쟁력이 있다. 물론 일본은 한국처럼 역동적으로 부동산 가격이 오르진 않는다. 그런 시세차익을 기대한다면 절대 쳐다봐서도 안 되는 곳이다. 하지만 5% 이상의 임대수익률이 나오고 1% 수준의 저금리기 때문에 안정적인 임대수익에는 안성맞춤이다. 특히 한국인 관광객 수요가 꾸준해서 숙박으로 돌리면 훨씬 더 높은 수익을 기대할 수 있다.

해외 부동산 투자 시 가장 주의해야 할 점은 국가별로 세금과 법이 달라서 취득이나 보유, 양도 시 발생하는 세금과 대출 방법부터 금리, 관리업체와 절차, 세금 신고 및 소득 회수 방법, 향후 매각 방법까지 철저한 준비를 하여야 할 필요가 있겠다. 또 믿을 만한 부동산 파트너를 만나는 것도 무엇보다 중요하다.

부동산 POINT 4

재건축 안전진단

"경축 재건축 안전진단 통과" "재건축 안전진단 추진"

요즘 재건축 추진 단지에 가보면 이런 문구가 적힌 플래카드를 자주 보게 된다. 재건축사업 기간을 단축하고 빠른 추진을 위해 재건축 안전진단을 완화해주었기 때문이다. 재건축 안전진단은 주택의 노후나 불량 정도를 조사해 재건축 가능 여부를 판단하는 작업으로, 기본계획 수립 후 안전진단을 통과하면 정비계획수립 및 정비구역 지정으로 넘어간다. 이렇듯 재건축 안전진단은 재건축사업의 초기 단계로 안전진단 문턱을 넘는 의미는 매우 크다.

물론 안전진단을 통과했다고 해서 재건축사업이 빠르게 진행되는 것은 아니다. 안전진단 통과 후 완공까지 빨라야 10년, 보통 15년은 생각해야 하며, 분쟁이나 사업성이 나오지 않으면 아예 무산되는 경우도 허다하다. 아래 그림에서 볼 수 있듯 재건축 안전진단은 재건축사업의 추진 주체인 토지등소유자가 안전진단을 요청하면 시장, 군수 등 지방자치단체장이 현지 조사 후 안전진단 전문기관에 의뢰하여 A~E 등급으로 결과가 나온다.

A-C 등급은 유지나 재건축을 하지 말고 수리해서 사용하라는 의미로 재건축할 수 없다는 의미다. D등급은 조건부 재건축으로 적정성을 검토해서 유지보수와 재건축 사이에서 결정이 되는데 부동산시장 분위기에 따라 재건축이 될 수도 있고 유지보수로 재건축의 길이 막힐 수도 있다. E등급은 노후도가 심하여 재건축해도 무방하다는 의미다.

<그림 POINT 4-1> 안전진단 절차

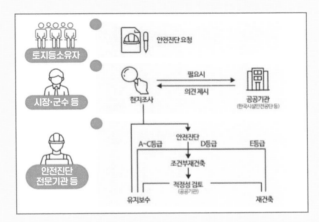

<출처: 아시아경제신문>

그리고 본문에서 살펴본 것처럼, 2023년 1월 정부는 재건축사업을 더디게 한 대못을 뽑았다. 이번 안전진단 완화의 골자는 안전진단 평가 항목 비중을 바꿔 안전진단의 속도를 조절한다는 점이다. 안전진단은 구조 안전성, 주거환경, 설비 노후도, 비용 편익 4개 항목으로 구성되어 있다. 구조 안정성은 건물구조의 붕괴 가능성을 검토하는 것이 기준이며, 주거환경과 설비 노후도는 주차 공간의 부족이나 수도 시설의 노후

등 인프라 정비가 얼마나 되어있느냐가 기준이다.

아래 그림에서 보듯이 박근혜 정부 시절의 안전진단 점수 비중은 구조 안정성이 20%, 주거환경 40%, 설비 노후도 30%였다. 건물이 튼튼해도 주민들이 살기 힘들다면 안전진단 통과 가능성이 컸다는 의미다. 그러다가 집값이 오르자 2018년 3월 구조 안전성 점수의 비중을 50%로 올렸다. 주민들이 살기 힘들어도 건물이 튼튼하면 안전진단 통과가 안 된다는 의미며, 재개발사업의 고삐를 쥔 것과 마찬가지다. 2023년 1월, 집값이 내려가자 안전진단 완화를 위해 다시 구조 안정성 비중을 30%로 내리고 주거환경 30%, 설비 노후도 30%로 올렸다. 주민들이 살기 힘들다면 건물이 튼튼해도 안전진단을 해주겠다는 것이다. 그래서 물이 들어왔을 때 노를 젓기 위해 안전진단을 신청하는 단지들이 최근 크게 늘었고, 쉽게 안전진단을 통과하고 있다.

<그림 POINT 4-2> 안전진단 점수 비중

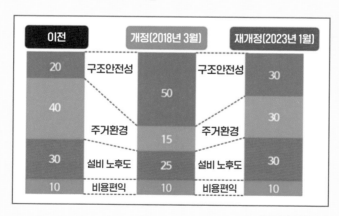

<출처: 아시아경제신문>

앞으로 3년, 무조건 올라가는 곳 알려드립니다

앞으로 3년, 무조건 올라가는 곳 알려드립니다

초판 1쇄 인쇄 2023년 7월 7일
초판 1쇄 발행 2023년 7월 28일

지은이 | 김인만
펴낸이 | 권기대
펴낸곳 | ㈜베가북스

총괄 | 배혜진
편집 | 허양기
디자인 | 유솔비
마케팅 | 이유섭, 김상현
경영지원 | 권미영

주소 | (07261) 서울특별시 영등포구 양산로17길 12, 후민타워 6-7층
대표전화 | 02)322-7241 **팩스** | 02)322-7242
출판등록 | 2021년 6월 18일 제2021-000108호
홈페이지 | www.vegabooks.co.kr **이메일** | info@vegabooks.co.kr
ISBN 979-11-92488-39-4 (03320)